Renate Wittenberg • Nehmen Sie Platz, Signora!

Renate Wittenberg

Nehmen Sie Platz, Signora!

Mein Leben im Cilento

Italienische Impressionen

Weimarer Schiller-Presse

FRANKFURT A.M. MÜNCHEN LONDON NEW YORK

Ein Imprintverlag des Frankfurter Literaturverlags GmbH
Ein Unternehmen der Holding
FRANKFURTER VERLAGSGRUPPE
AKTIENGESELLSCHAFT AUGUST VON GOETHE
In der Straße des Goethehauses/Großer Hirschgraben 15
D-60311 Frankfurt a/M
Tel. 069-40-894-0 ✱ Fax 069-40-894-194

www.cornelia-goethe-verlag.de
www.haensel-hohenhausen.de
www.fouque-verlag.de
www.ixlibris.de

Die Deutsche Bibliothek – CIP-Einheitsaufnahme
Ein Titeldatensatz für diese Publikation ist bei
der Deutschen Bibliothek erhältlich.

Satz und Lektorat Edeltraud Schönfeldt

ISBN 3-8267-5446-8
1. Auflage: 2003
2., verbesserte Auflage: 2005

Die Autoren des Verlags unterstützen das Albert-Schweitzer-Kinderdorf in Hessen e.V.,
das verlassenen Kindern ein Zuhause gibt.
Wenn Sie sich als Leser an dieser Förderung beteiligen möchten, überweisen Sie bitte
einen – auch gern geringen – Beitrag an die Sparkasse Hanau, Kto. 19380, BLZ 506 500 23,
mit dem Stichwort „Literatur verbindet". Die Autoren und der Verlag danken Ihnen dafür!

Printed in Germany

Inhalt

„Zum letzten Mal..."

„Wir haben Land in Italien!"
Laut rufe ich diese Worte über das golden im Abendrot des Sonnenuntergangs glitzernde Meer. Ich stehe am Strand des Golfes von Salerno, mit den Füßen im warmen Wasser, und freue mich.
Ja, wie ist es möglich? Was trieb mich dazu, hier Wurzeln zu schlagen, so plötzlich, ohne groß nachzudenken?

Angefangen hatte alles mit meiner Kollegin Charlotte. Sie war Chefsekretärin in der Firma, in der auch ich arbeitete. Sie lernte eifrig Italienisch und plante einen Urlaub in Campanien.
Eines Tages fragte sie mich, ob ich mit dorthin fahren wolle. Ein Appartement zu bekommen, sei in dieser Zeit, im September, kein Problem. Die Italiener hätten die Ferien dann bereits hinter sich, und die wenigen Deutschen, die sich noch am Strand tummelten, fielen kaum ins Gewicht.
Wir überlegten nicht lange, und eines Tages befanden wir, mein Mann und ich, uns im Auto auf der Brennerautobahn, die Richtung Süditalien führt.
Kurz vor Bozen eröffnete mir mein Mann, er komme zum letzten Mal mit nach Italien. Ihn störe der menschliche Fleischsalat dort unten und überhaupt vieles an und in Italien.
Na, das werden ja schöne Ferien, dachte ich bei mir.
Endlos lang kam mir nun die Fahrt vor. Verona—Bologna—Firence—Roma—Napoli—Salerno, und dann Battipaglia, unsere Autobahnausfahrt. Geschafft! Endlich! Doch die circa vierzig Kilometer bis zu unserem Ort wollten kein Ende nehmen.
Erschöpft erreichten wir am späten Abend Santa Maria di Castellabate und fanden mit etwas Mühe unser Feriendomizil, eine Feriensiedlung aus lauter Villen, nur etwa fünfzig Meter vom Strand entfernt, genannt Lago.
Müde fielen wir in die Betten.
Huch, was war das? Mein Bett entpuppte sich als durchgelegene Hängematte. Egal, nur noch schlafen.

Am nächsten Morgen gegen sechs Uhr weckten uns laute Geräusche. Es hörte sich an, als ob ein harter Gegenstand gegen Metall schlüge, in rhythmischen Tönen, ein heller metallener Klang: bing-bong, bing-bong ... Von oben, von draußen drang er an mein Ohr.
Wütend hüpfte ich aus meiner Kuhle, zog den Rolladen hoch und trat auf den Balkon. Seitlich versetzt führte von oben eine Außentreppe herunter. Auf dieser stand ein Mann, der die Treppe fegte, immer im Takt, hin und her, und jedesmal knallte der Besen ans eiserne Treppengeländer. Und das um sechs Uhr morgens! Bing-bong, bing-bong ...
Unwirsch fuhr ich den Mann an, ob er das nicht später erledigen könne, wir schliefen noch – und nun leider nicht mehr. Er war völlig verblüfft, staunte, eines weiblichen Wesens im Nachthemd ansichtig zu werden, entschuldigte sich und verschwand rasch hinter einer Tür.
Mit dem Schlafen war es für uns beide vorbei. Wir besahen uns die Wohnungseinrichtung – im selben Zustand wie die Betten. Doch was soll's. Wir waren in bella Italia.
Der nahe Strand lockte zum Bade. Angenehm warmes Wasser umspielte meinen Körper und befreite mich von all den Nachwehen dieser langen, anstrengenden Reise.
Zwei herrliche Wochen verlebten wir, mit viel Sonne, Wasser, unbeschwerten Gesprächen miteinander und mit Charlotte und ihrem Bekannten, eben jenem Mann, der uns so unsanft aus dem Schlaf gerissen hatte. Weitere Freunde von Charlotte kamen angereist, und wir waren ein buntes teutonisches Völkchen inmitten dieser süditalienischen Landschaft. Ungefähr fünfundzwanzig Jahre liegt das zurück.
In einem Minimarket deckte ich unseren Bedarf an Lebensmitteln. Dort traf ich auf Marianne, eine Deutsche, die mich bediente. Wir kamen ins Gespräch, und Marianne erzählte ein wenig von sich.
In den fünfziger Jahren des letzten Jahrhunderts hatte sie in Deutschland ihren italienischen Ehemann kennen und lieben gelernt und war Anfang der siebziger Jahre mit ihren beiden Kindern

allein zu ihren Schwiegereltern nach Süditalien gezogen, um zu erproben, ob sie hier leben könnte. Ihr Mann wollte in Deutschland noch etwas Geld hinzuverdienen, bevor auch er sich in seine Heimat aufmachte.
Doch Marianne hielt es nicht aus. Sie fand sich allein, als Fremde und nur Schwiegertochter; an die Unterordnung unter ihre italienische Schwiegermutter mochte sie sich nicht gewöhnen. Sie ging zurück nach Deutschland.
Schon ein Jahr später zog die ganze Familie endgültig nach Süditalien.
In spartanischen Verhältnissen lebte diese Familie und war froh, wenn ab und zu etwas Bargeld in die Haushaltskasse floß; dafür sorgte Marianne in den Sommermonaten als Verkäuferin in einem Supermarkt in der Feriensiedlung Lago.
Marianne lud uns ein, sie am Sonntagnachmittag zu besuchen. Sie zeigte mir die Richtung. Dort oben wohne sie, auf der ersten Hügelkette, die vom Meer aufsteige. Zu verfehlen seien sie nicht, jeder im Ort kenne Paolo und Marianne.
Also fuhren wir an einem Sonntag die vielen engen Serpentinen hinauf in das Dorf Castellabate.

Die mit Schlaglöchern durchsetzte Asphaltstraße, über weite Strecken ohne seitliche Begrenzung oder Befestigung, stieg steil an. Hinter jeder Kurve bot sich uns ein noch schönerer, offenerer Blick auf das unter uns liegende Meer, auf die in der Ferne dunstig blau sich abzeichnende Amalfi-Küste, und Capri, die sich als Fels aus dem Meer erhebende Insel, wurde sichtbar. Bei günstigen Wetterbedingungen, so hatte man uns gesagt, sei in der Ferne zwischen Capri und der Amalfiküste manchmal sogar die Insel Ischia zu ahnen oder gar zu erblicken.
Ein tiefblaues Meer breitete sich unter uns aus. In der Ferne schwammen vereinzelt weiße Punkte oder größere Objekte, Tanker, die sich alle in eine Richtung bewegten oder aus dieser Richtung kamen. Salerno mit dem Hafen war nicht weit.

Sonst unterbrach nichts diese septemberheiße, gleißende Luft. Die Landschaft lag erstarrt in der frühen Nachmittagshitze. Um uns herum dominierten die Farben Gelb, Braun und Oliv – das silbriggraugrüne Kleid der Olivenbäume, gelbes Gras und braune Erde. Manchmal hockte ein Stück Mauer dazwischen, ohne Mörtel kunstvoll ineinander- und aufeinandergelegte Steine, alt und an der Oberfläche verwittert. Dazwischen sproß vielerlei blühendes oder rankendes Grünzeug. Da und dort unterbrach ein schmiedeeisernes Tor dieses lebendige Gemälde und zeigte an, hier wohnt jemand. Doch wirkte alles leicht verwildert. Das Herz eines Maler hätte bei diesem Anblick höher geschlagen.

Allmählich, als wir uns höher schraubten auf der einzigen Straße, die auf unserer Seite zum Ort führte, sahen wir an den steilen Hängen die ersten Häuser kleben: neuere, die von Neapolitanern und Römern als Ferienhäuser genutzt wurden, und alte Anwesen, halb verfallen oder auch renoviert, die stolz ihre Taubentürme und ihre alten Ziegeldächer präsentierten. Ziegel, wie man sie so schon in der Antike geformt hat. Mönch und Nonne nennt man bei uns in Deutschland diese Art der Anordnung: Eine halbrunde Form greift von oben in die gleiche Form, die von unten sich ihr entgegenstreckt.

Hinter einer weiteren Kurve fiel unser Blick auf Castellabate, das sich vor und über uns ausbreitete. Alles überragend, stand ein riesiger Baukran auf dem Terrain des Castells.

Heute weiß ich, er stand seit mindestens zehn Jahren schon dort. Ich sah ihn noch nie in Aktion. So lange wird bereits an diesem Castell, das einst eine malerische Ruine war, gebaut. Jedesmal, wenn ich die Burg wiedersehe, hat sie ein weiteres Stück ihrer majestätischen Fassade eingebüßt und nimmt mehr und mehr das Aussehen eines modernen Bauwerks an. Nur die alten Türme zeugen noch vom früheren Erscheinungsbild dieses Gebäudekomplexes. Inzwischen hat man die Bauarbeiten ganz eingestellt. Man hat wohl eingesehen, daß hier eine große Bausünde produziert wurde. Doch irgendwann wird auch dieses Castell fertig renoviert sein und seiner neuen Bestimmung übergeben werden.

Im Dorf wand sich die Straße durch eine schmale Schlucht von Häusern. Links stieg es steil hoch in die Altstadt. Nur zu Fuß, über viele Treppen, ließ sie sich ersteigen, erklimmen, erobern. Rechts klebten die Häuser am steil zum Meer abfallenden Hang. Wie ein Schwalbennest hing die Ortschaft am Berg.
Viel früher einmal war dieser Ort ein Piratennest. Der herrliche Ausblick über das Meer und seinen Schiffsverkehr garantierte den Seeräubern ein gutes Einkommen.
Castellabate hat eine lange Geschichte hinter sich. Im Jahre 1122 wurden Castell und Kloster zum ersten Mal schriftlich erwähnt. Es lohnt sich, den alten Ortskern zu besuchen. Außerhalb der Feriensaison wird die Piazza von der Bevölkerung als so etwas ähnliches wie ein Wohnzimmer genutzt.
Das schwarze, heiße Band des Asphalts schlängelte sich an den Mauern entlang zum höchsten Punkt des Ortes. Auf diesem Band fuhren wir, folgten dem sich anschließenden Höhenrücken und erreichten bald Mariannes Wohnsitz.
Nun waren wir wirklich ganz oben angelangt. Zu unseren Füßen breitete sich die Landschaft, auf einer Seite sanft abgleitend, auf der anderen Seite steil zum Meer hin abfallend aus. Ein traumhaft schöner Blick lud zum Verweilen ein.
Marianne war allein zu Hause. Sie zeigte uns ihr Reich: ein altes Haus, an zwei Seiten erweitert, um Platz für die wachsende Familie zu schaffen.
Das Haus war in den Hang hineingebaut. Nach Möglichkeit wohnt man hier im ersten Stock. Unten befanden sich die Keller- und Lagerräume. Diese Räume sind im Sommer angenehm kühl, und bei zu großer Hitze flüchten sich die Hausbewohner öfter in die unteren Räume, um dort zu schlafen.
Über eine steile Außentreppe erreichten wir die Wohnräume. Das Wohnzimmer lag im Halbdunkel. Die Sonnenfenster waren fest geschlossen, und die hellblau gestrichenen Wände erzeugten ein schummriges Licht. In einer Ecke stand ein Bett.
Die Küche glich einer schwarz verräucherten Höhle. Der Kamin in der Ecke beherrschte den ganzen Raum. Über dem Küchentisch

hing in der Mitte des Raumes eine Glühbirne. Mit den Augen folgte ich der elektrischen Leitung bis zu ihrem Ursprung, einfacher Klingeldraht, an der Decke stellenweise durch umgeschlagene Nägel befestigt. Im Kamin lagen Asche und glühende Holzkohle, und in der Mitte stand ein eiserner Dreifuß. Darauf stand ein Kochtopf, in dem Brokkoli vor sich hin köchelte. Nicht der, den man bei uns kennt; der hiesige ist pikanter. Mir schmeckt er sehr. Zur Abwechslung gibt es auch einmal Bohnen, die hier als vollwertige Speise gelten. Dazu reicht man Brot.

Vor der Küche lag die kleine Diele, von der aus man das später angebaute Bad und das Schlafzimmer der Großeltern betrat. Im Winter wurde in die Mitte der Diele ein großes Kupferbecken mit Glut von Holzkohle gestellt, und alle Anwesenden setzten sich darum herum und stellten ihre Fußspitzen an den flachen äußeren Rand des Kohlebeckens. Früher war das die beinahe einzige Wärmequelle im Haus. Daneben gab es den Kamin in der Küche. Doch der rußte oft, je nachdem woher der Wind kam. Dann war die Küche nicht zu betreten.

An solchen Abenden, eng aneinandergerückt, erzählte man sich die alten Geschichten des Dorfes oder den neuesten Tratsch. Einige Male durfte ich dies miterleben.

Ein hartes Leben war es, das diese Menschen führten. Der bloße Gedanke daran, im Winter ohne Heizung bei null bis fünf Grad Celsius das Bad zu benutzen oder ins Bett zu gehen, nur in Decken gehüllt – Federbetten waren hier unbekannt –, erfüllte mich mit Schaudern. Der Sommer, mit über vierzig Grad Celsius im Schatten, nachts kaum Abkühlung, jedenfalls nicht im Juli und August – er hinterließ auf Dauer sichtbare Spuren in den Gesichtern der Menschen.

Das waren extreme Lebensbedingungen. Hinzu kam im Sommer der Wassermangel. Nur zwei- bis dreimal pro Woche wurde – und wird bisweilen noch heute – von dem Gemeindewasserwerk frühmorgens ein bis zwei Stunden lang das Wasser aufgedreht, und in die Tanks – oft stehen sie auf dem Dach – tröpfelte schnell oder langsam frisches Wasser, je nachdem wie stark die Kraft der ein-

zelnen angeschlossenen Motoren war, die das Wasser ansaugten. Der letzte in der Reihe, der Wasser zog, erhielt am wenigsten. Zum Wäschewaschen reichte es dann nicht, geschweige denn zum mehrmaligen Duschen. So war das noch bis vor kurzem.
Sicher, es gab den Gemeindebrunnen. Den belegten im Sommer fast den ganzen Tag über die Bauern der Umgebung, die nicht an die örtliche Wasserleitung angeschlossen waren. Mit kleinen Traktoren transportierten sie ihre leeren Wasserkanister auf der Ladefläche der Anhänger zum Brunnen. Während sich die Männer miteinander unterhielten, füllten die Frauen die Wasserbehälter voll und hoben sie auf die Ladefläche. Schwere Arbeit bei der Hitze. Dann setzten sich die Männer wieder auf ihre Minitraktoren, die Frauen auf die Ladefläche zu den Kanistern, und heimwärts ging es zu ihren Höfen. Sollte man es Arbeitsteilung nennen?
Doch zurück zu unserem ersten Besuch bei Marianne. Bald fünfundzwanzig Jahre ist das nun her.
Sie zeigte uns den liebevoll angelegten kleinen Bauerngarten voller Kräuter, Tomaten, die sie bald zu Mark verarbeiten würde, Weintrauben, aus denen köstlicher Landwein gekeltert wurde. Unter einem Maulbeerbaum, von dem wir kräftig die reifen Beeren uns in den Mund stopften, erzählte sie uns von ihrem Alltag.
Zwei zottelige Hunde jagten einen Kater. Der hatte bei solchen Spielen bereits seinen Schwanz eingebüßt. Drollig sah er aus. Neben Hühnern und Kaninchen hielt Marianne eine Ziege, die sehr mäklig mit dem Futter war. Gras, über das wir gegangen waren, mochte sie nicht. Am liebsten fraß sie Weinblätter. Sie stieg am Stamm der Bäume hoch, um die Blätter der rings um uns stehenden Bäume abzurupfen, zum Unwillen Mariannes.
Ich fand das alles so wunderschön und zum Sich-Wohlfühlen, daß mir die Bemerkung entglitt: „Hier müßte man seinen Altersruhesitz haben können." Und damit fing alles an.

Zwei Tage später trafen wir Paolo, Mariannes Mann.
Ein hochgewachsener Süditaliener kam uns entgegen. Sein Gesicht zeigte Züge des Orients; etwas von jenseits des Meeres – Tunesien,

Marokko – klang da an. Und so war auch sein Habitus. Ein Padrone, der sagt, wo's lang geht, dachte ich. Aber nicht unsympathisch. Er führte uns auf die Rückseite seines Anwesens und wies den Hügel hinauf. „Dieses Gelände dort oben ist zum Verkauf freigegeben", erklärte er uns in gutem Deutsch, „am höchsten Punkt des Ortes gelegen."

Nichts als eine kleine Ruine. Vier halbzerfallene Wände, von Gestrüpp mehr oder minder zusammengehalten. Mauern aus gelegten Feldsteinen, ohne Mörtel dazwischen. Das Dach fehlte. Ein paar ungepflegte Olivenbäume standen dort, und damit war auch schon alles besichtigt.

Aber der Blick von der Ruine ringsum – auf drei Seiten das Meer! Dazwischen eine überwiegend sanfte, stellenweise schroffe Hügellandschaft, mit all dem südländischen Flair, das man von Postkarten her kennt.

Paolo meinte: „Es kostet sicher viel. Amerikaner, Neapolitaner und Römer sind bereits hierher gekommen, um das Grundstück zu besichtigen. Keiner hat es aber gekauft."

Ich wollte wenigstens den Preis wissen.

Also trafen wir uns mit dem Verkäufer. Ein alter Herr, Dottore Berelli mit Namen, wollte sich von einigen seiner Besitzungen trennen. Er fühlte wohl schon sein bevorstehendes Ende.

Wir wurden uns schnell einig. Der Preis schien uns keineswegs zu hoch. Also verabredeten wir uns für einen bestimmten Tag.

Im blauen Wohnzimmer von Marianne und Paolo trafen sich der Verkäufer, Dottore Berelli, ein weiterer Herr, sehr stattlich gebaut – der Ingeniere, der den Vorvertrag aufsetzte –, Paolo und Marianne als Zeugen und wir.

Mein Italienisch war mir zu dieser Zeit ziemlich in Vergessenheit geraten. So konnten wir froh sein, daß Paolo, wenn es nötig erschien, dolmetschte. Eine Anzahlungssumme wurde vereinbart. Zu guter Letzt besiegelten wir alles mit einem Glas Sekt.

Nun hatten wir einen Vorvertrag, der in Italien schon einen festen Willen bezeugt, den Vertrag auch zu erfüllen. Denn der vom Käu-

fer angezahlte Betrag ist verloren, wenn er vom Vertrag zurücktritt. Und der Verkäufer hat das Doppelte dieser Summe an den Käufer zu erstatten, falls er es sich später doch noch anders überlegt und nicht mehr verkaufen will. Das wußten wir zu diesem Zeitpunkt aber noch nicht.
Wir suchten alle Schecks, die wir bei uns hatten, zusammen und stellten sie jeweils auf die höchstmögliche Summe aus, welche die Bank akzeptierte, und schon waren wir Besitzer von Land in Italien.

Die zwei Wochen am Meer vergingen schnell, und auf der langen Rückreise ließ ich diese Tage im Geiste nochmals an mir vorüberziehen, nicht ohne bei dem Gedanken daran zu schmunzeln, daß mein Mann ja „zum letzten Mal“ mit mir nach Italien gefahren war, wie er mir auf der Hinfahrt versichert hatte. Und nun dieses.
Zu Hause in Deutschland standen alle unsere Bekannten und Freunde und Familienangehörigen Kopf. „So was Verrücktes! Ihr werdet sicher irgendwann enteignet. In Italien sind die Kommunisten stark ...“ und so weiter.
Ja, das geschah vor langer Zeit. Die Kommunisten hatten damals in Italien weit mehr Einfluß als heute.
Mir wurde ein wenig bange bei dem Gedanken daran, was ich da in einem impulsiven Moment zugelassen hatte. Normalerweise lasse ich mir viel Zeit, um zu einem Entschluß zu gelangen. Doch wenn ich mich zu etwas entschlossen habe, bereue ich es nie. Und so war es auch dieses Mal.

Osterfest

Zu Ostern sahen wir unser neues „Zuhause" wieder. Und dieses Mal empfand ich alles noch viel schöner, viel farbiger, als ich es im Rückblick vor Augen gehabt hatte.
Ostern ist in Süditalien ein Fest der Farben, der Freude über die Sonne, deren wärmende Strahlen uns zumindest tagsüber an den deutschen Sommer erinnern. Überall blüht es weiß und rosa und gelb, und dazwischen sieht man viele weiße Wölkchen, kleine Rauchschwaden, sich in den Himmel erheben. Sie steigen aus den Backöfen in den Backhäuschen, die im Freien allerorten das nahe Osterfest ankündigen, durch eben diese weißen Wölkchen, die sie von sich geben.
Am Ostersamstag in aller Frühe suchen die männlichen Familienmitglieder nach ganz bestimmten Kräutern und Sträuchern. Mit Ästen und Zweigen dieser Sträucher werden die Backöfen innen ausgefegt und angeheizt. Wenn der Backofen nach einigen Stunden die richtige Hitze entwickelt und die Kräuter ihren Duft im Inneren des Ofens verbreitet haben, kommen die weiblichen Mitglieder der Familie mit mannigfaltigen Teigen, in Backformen und auf Blechen verteilt. Mit einem langen Brett werden all diese vorbereiteten Köstlichkeiten je nach Intensität der Temperatur und Länge des Backofens nach hinten, an die Seite oder in die Mitte der Backfläche gesetzt. Auch einige Nachbarinnen bringen ihre Bleche, wenn sie keinen eigenen Ofen haben. Zum Schluß bedekken die vorbereiteten einfachen Pizzen den noch freien vorderen Bereich des Backraumes; dann wird der Ofen verschlossen.
Pizza ist an diesem Tag die einzige warme Mahlzeit, zu deren Zubereitung die Hausfrauen Zeit finden. Und sie schmeckt phantastisch!
Die Vorbereitung der einzelnen Teigarten ist sehr zeitaufwendig. Neben vielen anderen Sorten sind Weißbrote dabei, in deren Teig vor dem Backen ganze Eier mit Schale gedrückt werden. Marianne erzählt uns, sie habe für diese Osterbäckerei einhundertachtzig Eier

angespart. Torten aus Reis oder Nudeln als Grundmasse gibt es, einige mit wildem Spinat gefüllt, andere enthalten eine süße Komponente. Diverse Kräuterkuchen kann man bestaunen und kosten. In diesen Ostertagen bekommt man, selbst wenn man nicht „dazugehört", überall diese Kuchen offeriert. Fast wird es einem zuviel, doch nirgends kann man sie ablehnen. Ganz abgesehen von dem Osterlamm, in unserem Falle Osterzicklein, das zu diesem Fest geschlachtet wurde.
Am Ostermontag dann begibt sich ganz Italien ins Freie und picknickt.
In Neapel, zwischen den Häuserschluchten, sah ich auf kleinsten grünen Flecken riesige Familien, eine neben der anderen, auf Dekken sitzend ihr Picknick genießen, möglichst mit Musik aus dem mitgebrachten Kofferradio. Alle sitzen sie beisammen, vom Kleinkind bis zur Uroma. Wunderbar, das anzuschauen oder sogar mitzuerleben! Wer irgend kann, begibt sich in die freie Natur.
An diesem Tag ist es für Autofahrer ratsam, noch aufmerksamer als sonst auf den Straßenverkehr zu achten. Denn die Menschen sind in Hochstimmung, vergleichbar der Laune an unserem Faschingsdienstag.
Einmal kamen wir an einem Ostermontag gar ohne zu bezahlen durch die Zahlstelle der Autobahn. Das gesamte Personal hatte seine Plätze verlassen, um zu feiern.
Es ist ein fröhliches, ungezwungenes Fest, das die Italiener noch zu feiern wissen, mit der ganzen Familie und Freunden, das größte Fest des Jahres, wie sie sagen.

Im Kontrast dazu steht der Karfreitag.
Alles, was laufen kann, begibt sich zur Kirche. Sie ist bis auf den letzten Platz besetzt. Auch der Vorplatz, auf dem man vor der Messe in Gruppen zusammensteht, ist vollständig mit Menschen gefüllt. Man spricht mit gedämpfter Stimme. Jeder ist sich der Tragik der Ereignisse bewußt, derer man an diesem Tag gedenkt.
Irgendwann öffnet sich die Menschenmasse und läßt durch ihre Mitte, dem Portal der Kirche entgegen, eine Gruppe von Männern

in Zweierreihen passieren. Diese männlichen Gestalten sind in weiße Kapuzenmäntel gehüllt, die bis zur Erde reichen, in der Taille nur von einem Strick zusammengehalten. In den Händen tragen sie Holzgeräte, die durch eine bestimmte Bewegung der Arme einen dumpfen Ton erzeugen. Martergeräte sind es, auch Ratschen sind darunter. Und sie werden im Takt geschlagen. Diese Männer – es sind die „Kirchenältesten", obwohl auch ganz junge sich unter ihnen befinden – gehen durch den Mittelgang des Kirchenraumes nach vorn zu ihren Plätzen. Das Volk strömt nach, soweit noch Platz vorhanden ist, und die Messe beginnt.
Die Predigt und der Singsang der Frauen werden über Lautsprecher nach draußen übertragen. So können all diejenigen, die keinen Platz mehr in dem großen Kirchenschiff fanden, an dem Gottesdienst teilhaben.
Auch ich auf meinem Grundstück, mindestens zwei Kilometer von der Kirche entfernt, höre die Stimme des Priesters und die Gesänge der Frauen. Etwas von dieser Stimmung geht auf mich und meine Umgebung über. Ich halte inne in meiner Beschäftigung und gebe mich für einen Augenblick ganz diesen Klängen hin und denen der Natur rings um mich her.
Nach der Messe begibt sich die ganze Kirchengemeinde zu den vierzehn Kreuzigungsstationen, verteilt auf den gesamten Ortskern, angeführt von den Kapuzenmännern, die den gekreuzigten Jesus mit sich führen und dazu dumpf im Takt die Ratschen schlagen. Eine Statue der Mutter Maria, in ein schwarzes Spitzentuch gehüllt, wird in der Prozession mitgeführt. Diese Spitze küssen alle, die daran vorbeikommen. Die Frauen mehr als die Männer sprechen ununterbrochen ihre Gebete und Vaterunser.
Ich fühle mich ins Mittelalter versetzt und weiß doch, daß ich im ausgehenden zwanzigsten Jahrhundert lebe. Kaum wage ich zu sprechen, bin gerührt und lasse den Zug des ganzen Dorfes an mir vorüberpilgern. Beeindruckt schaue ich in die Gesichter der an mir Vorbeiziehenden. Mit welcher Andacht und Gläubigkeit diese Menschen ihre für sie wichtigen Gebete und Riten erfüllen! Hier

ist man noch fest in der Gemeinschaft der Gläubigen verankert. Tradition und Gewohnheit schaffen einen festen Boden.
Der Priester ist hierzulande eine Autorität, die von den Frauen anerkannt und gewürdigt wird. Die Männer geben sich eher den Anschein, manches zu belächeln. Doch sind auch sie tief im Glauben verwurzelt, so daß sie sich der Tradition letztlich fügen.

Ein Palmsonntagsfest, hier in den Bergen gefeiert, hat sich mir eingeprägt. Der Tag begann wie so oft mit schönstem Sonnenschein. Ich durfte meine Freunde Maria und Francesco und deren Familie begleiten. Wir fuhren zu einem Dorf namens Perdifumo und weiter zu der Kirche San Francesco. Dieser Heilige ist der Namenspadrone von Francesco, meinem Nachbarn.
Lange bevor wir diese Kirche erreichten, stellten wir unsere Wagen am Straßenrand ab. Rechts und links der Straße entlang stand vor uns bereits eine lange Schlange von geparkten Autos. Gut einen Kilometer spazierten wir auf dem Weg Richtung Kirche, ehe wir zu den ersten Verkaufsbuden gelangten, die zu diesem Fest dazugehören.
Ein fröhlich bunter Straßenmarkt empfing uns, auf dem alles Erdenkliche angeboten wurde, was in diesen ländlichen Gefilden vonnöten oder auch nicht vonnöten ist. Viele schaulustige Menschen standen und gingen umher und handelten, verhandelten, kauften oder unterhielten sich. Kinder bettelten ihre Eltern um Geld für Süßigkeiten an. Ein alter Mann befühlte und besah sich verschiedenartige Äxte, die für unterschiedliche Handhabung gedacht waren. Fachgespräche entspannen sich.
Hierhin und dorthin schauend, bewegten wir uns in dem nun allmählich sich verdichtenden Strom von Menschen, die alle ein Ziel vor Augen hatten. Noch war es nicht sichtbar, aber als wir um die nächste Ecke bogen, stand sie vor uns – die Kirche. Ein behäbiger alter Bau mit sich anschließendem Kloster. Das geöffnete Kirchenportal gab den Blick ins Innere frei.
Eine lange Menschenschlange bewegte sich langsam auf dieses Portal zu und gelangte unmittelbar davor zum Stillstand. Aus der

Kirche kam uns ein anderer Strom von Menschen entgegen, der sich alsbald auflöste und sich mit den übrigen Schaulustigen mischte.
In unserer Richtung entstand ein Stau. Eine gute Stunde lang bewegten wir uns zweimal in Richtung auf das Portal zu, und dann waren auch wir endlich an der Reihe, den kurzen Gottesdienst mitzuerleben.
Das Kircheninnere war palmsonntäglich mit Palm- und Olivenzweigen geschmückt. Franziskanermönche in ihren braunen Kutten bewegten sich hin und her. Sie baten junge Mütter mit Kleinkindern nach vorn oder begaben sich zu den portablen Beichtstühlen, die an einer Wand aufgereiht standen und nur an der Vorderseite mit einem Vorhang versehen waren.
Ich beobachtete die Frauen, die sich mit ernsten Gesichtern, in einer Reihe wartend, zur Beichte aufgestellt hatten. Eine nach der anderen hoben sie den Vorhang und knieten sich auf einen Schemel. Ihre Füße schauten unter dem Vorhang hervor. Nach einiger Zeit, mal kürzer, mal länger, erschienen sie wieder. Ihre Gesichter zeigten nun entspannte, ja fröhliche, freudige Züge. Ihnen hatten die Minuten hinter dem Vorhang gutgetan, das sah ich ihnen deutlich an. Vielleicht war die eine oder andere auch nur froh, die sie peinigenden Gedanken nun abgelegt zu haben. Sogar einige Männer begaben sich zur Beichte.
Dann begann der Gottesdienst. Höhepunkt und Ende bildete der gegenseitige Glückwunsch. Die Menschen gaben sich die Hände und tauschten ihre mitgebrachten Olivenzweige aus. Auguri wünschte man sich. Auch mir streckten sich grüßend Hände entgegen, man beglückwünschte mich, und aus Marias Händen nahm ich einen Olivenzweig entgegen. Beim Verlassen der Kirche spürte ich, wie sich mein Lächeln, meine Freude auf meinem Gesicht abzeichneten.
Vieles bereichert mich in diesem Land, weil ich mich darauf einlasse. Aber auch die Schattenseiten bleiben mir nicht verborgen. Doch davon später.

Nun wanderten wir langsam wieder zu den Autos und trafen unterwegs einige Bekannte, die zu einem kleinen Schwatz einluden. Wir fuhren zu einem vorher vereinbarten Platz im Freien, und dort versammelte sich die ganze Verwandtschaft mit den Freunden zu einem Picknick. Köstliche Speisen hatten die Frauen von zu Hause mitgebracht. Auch für den Durst war vorgesorgt, mit Rotwein, Cola und Wasser. Irgendwann, als die Sonnenwärme nachließ, löste sich diese Gesellschaft auf.

Bauen auf Italienisch

Zur Zeit jenes Osterfestes bei Marianne und Paolo planten wir den Bau eines kleinen Ferienhauses. Mit den Baubestimmungen allerdings waren wir nicht vertraut. Unser Grundstück lag in der Grünzone des Nationalparks Cilento und somit in der nur bedingt bebaubaren Zone.
Eigentlich hätten wir die vorhandenen alten Mauern nur ergänzen und zu einem Haus schließen dürfen. Dann wäre eine Grundfläche von vielleicht zehn bis zwölf Quadratmetern entstanden.
So kamen unsere Italiener auf die Idee, in einer Nacht- und Nebelaktion alte Steine einer anderen Ruine zur Vergrößerung unserer Ruine herbeizuschaffen und auf diese Weise das ursprüngliche „Haus“ zu erweitern. Und siehe da, unsere Schwarzweiß-Fotos reichten der Baubehörde aus, um uns eine Grundfläche von circa vierzig Quadratmetern zu gewähren. Daß daraus fünfzig Quadratmeter wurden und dies gleich zweimal, denn wir bauten auch in den Hang hinein ein unteres Stockwerk aus, ergab sich von selbst.
Unser Bau begann chaotisch. Ursprünglich hatten wir noch ein weiteres Stück Land erwerben wollen. Vorgespräche hatten wir bereits geführt und die finanziellen Mittel mitgebracht, als der Verkäufer Schwierigkeiten machte und wir von dem vorgesehenen Kauf Abstand nahmen.

Costabile, unser Baumeister, schlug statt dessen vor, gleich mit dem Bau selbst zu beginnen, des mitgebrachten Geldes wegen. Er zeigte uns einen Grundriß, der meinen Vorstellungen aber überhaupt nicht entsprach. Es ist nicht leicht, aus circa vierzig Quadratmetern etwas Ansehnliches zu machen.
Costabiles Entwurf zeigte in der Mitte einen Gang und rechts und links davon je ein Zimmer, das Bad und die Küche. Die reinste Puppenstube wäre das geworden. So baute man vor fünfundzwanzig Jahren in dieser Gegend.
Ich besorgte mir kariertes Papier, und über Nacht zeichnete ich einen gut durchdachten Grundriß mit Flur, Bad, Abstellkammer und einem Wohn-Küchen-Schlafraum. Daß alles zusammen nur die Basis für spätere Erweiterungen sein konnte, war mir klar.
Und so fuhren in den nächsten Tagen die Bagger und Lkw heran, um die Erde und was darauf war wegzutransportieren, unter anderem ein großes Betonrondell, das gegen Ende des letzten Krieges von einer deutschen Flak-Einheit benutzt worden war. Anfangs zogen wir in Erwägung, dieses Rondell zum Pool auszubauen. Doch stand es dem Bau selbst im Wege und wäre zu klein geworden, um darin zu schwimmen. Meerwasser gab es ringsum ja genügend.
Wir diskutierten die unterschiedlichen Meinungen bezüglich der Richtung des Hausverlaufes. Ich wollte die Breitseite gegen das Meer schauen lassen, Costabile wollte genau die andere Richtung einschlagen, um das Rondell zu erhalten. Letztlich bauten wir so, wie ich es mir vorgestellt hatte.
Alles wurde ab- und weggeräumt, bis auf einen Mauerrest der Ruine, der von der Straße her einsehbar war. Diese Mauer fiel erst, als der Bau so weit hochgezogen war, daß niemand mehr die ursprüngliche Lage der alten Mauern nachprüfen konnte.
Und wie fleißig die Bauarbeiter waren! Bei sechzig Grad Celsius und mehr arbeiteten sie in der Baugrube. Das scheint hier alltäglich zu sein. Sie maulten nur, wenn ich mit dem Zollstock nachmaß. „Wie in Pompeji“, meinten sie. Doch hatte man dort ja nicht schlecht gebaut.
Wir begannen sogleich mit dem unteren Stockwerk.

Als der Ingeniere das bei einem seiner routinemäßigen Besuche sah, schlug er die Hände vor die Augen und sagte: „Das habe ich nicht gesehen. Macht es schnell wieder dicht!"
So geschah es. Fenster und Türen wurden provisorisch zugemauert, und das Ganze wurde mit Erde zugeschüttet. Da das Geschoß in den Hang hineingebaut war, konnten wir es gut kaschieren. So ruhte es zwei Jahre, bis wir es ausgraben durften. In der Zwischenzeit beschäftigten wir uns mit dem Obergeschoß.
Natürlich hatten wir einen Schwarzbau errichtet. In Italien gibt es ein uraltes Recht, das noch aus der vorchristlichen Zeit stammen soll: Sobald das Dach auf dem Hause sitzt, darf der Bau von keiner Behörde mehr abgerissen werden. Sicher, für einige Zeit können Carabinieri einen Draht mit der Aufschrift „Betreten verboten" um den gesamten Bau ziehen, bis von der zuständigen Gemeindestelle eine Geldstrafe ausgesprochen wird. Zahlt man die, wird der Draht entfernt. Aber damit ist man noch nicht restlos aus dem Schneider. Durch einen „Ablaß", Condono genannt, konnte man aber bisher jeden Schwarzbau in einem genehmigten umwandeln.
Ungefähr alle zehn Jahre, wenn der italienische Staat wieder einmal bis auf den Grund seiner Finanzen sehen kann, die Kassen also leer sind, veranstaltet er diesen Condono. Sobald ich von solch einem bevorstehenden „Ablaß" hörte, einmal sogar in einem deutschen Rundfunksender, rief ich meinen italienischen Baumeister an, und er reichte den zuständigen Behörden alle benötigten Daten ein. Mit einigen Millionen Lire war der Makel vom jeweiligen Anbau, der jeweiligen Erweiterung des Hauses, genommen.
Unser Baumeister Costabile hatte inzwischen so viel Vertrauen zu uns und unserer Zahlungsmoral gewonnen, daß er entschied, wie weit das nächste Teilstück am Haus fertiggestellt werden konnte. Wenn ich einwendete: „Ich habe im Moment nicht so viel Geld", antwortete er stets: „Von euch Deutschen bekomme ich es. Das genügt mir."
Auf diese Weise entstand ein schönes Heim mit Garten und Aussicht auf das Meer, und bei jedem Wiedersehen freute ich mich daran.

Noch heute, im 21. Jahrhundert, gilt die Regelung des Ablasses. Jeder, der anbauen möchte – eine Bewilligung bekommt er kaum mehr–, versucht es auf diese illegale Weise. Hierbei macht sich in Form von Angleichung der Gesetze in den einzelnen Mitgliedsländern die Europäische Union bemerkbar. Für uns kommt der Sonderstatus des Naturparks Cilento hinzu.
In den Siebzigern und Achtzigern des hinter uns liegenden Jahrhunderts legte jeder, der etwas Geld hatte, dieses in einer Immobilie an. Das war besser, als der Inflation ausgesetzt zu sein. Auf diese Art entstanden überall in der Landschaft Baugerippe, die vor sich hin dümpelten, bis man wieder einmal Geld zum Weiterbau hatte oder aber dieses angefangene Objekt gut verkaufen zu können glaubte; denn auf nicht ganz legale Weise wurde eine Baugenehmigung ja nachträglich erteilt. Hat man obendrein gute Nachbarn, kann man sein Bauvorhaben durchführen, ohne daß man befürchten muß, angezeigt zu werden.
Immer noch zieht man so schnell wie möglich einen Bau hoch und setzt das Dach darauf. Dann kann man aufatmen. Meistens hält man die genehmigten Daten nicht ein und erweitert sie nach eigenem Gutdünken.
Trotzdem ist es immer ein Vabanquespiel, ob nicht doch plötzlich Carabinieri auftauchen. Dann ist es erst einmal vorbei mit dem Weiterbauen.

Knalleffekt

An die Richtfestfeier unseres Hauses erinnere ich mich noch sehr genau. Es war September. Der Tourismus schlief um diese Zeit bereits. Fast alle Geschäfte waren geschlossen. Wir aber wollten Wein und Sekt für unsere Feier kaufen.
Der neue Wein hing vorerst noch in Trauben an den Rebstöcken. Nirgendwo bekamen wir das benötigte Getränk. Landwein der Gegend sollte es sein und nicht Flaschenwein von irgendwoher.

Paolo, der einen Ford Transit besaß und damit Schüler und Kindergartenkinder aus den einzelnen Höfen und Winkeln der Gemeinde holte und zurückbrachte, hatte eine gute Idee. Drunten im Tal gab es eine größere Winzerei. Dorthin wollten wir fahren und nach passenden köstlichen Getränken fragen. Zu dritt fuhren wir los – Paolo, mein Mann und ich.

Unterwegs trafen wir Leute, die Paolo fragten, wohin die Reise ging. Als sie erfuhren, was unser Ziel war, kamen sie alle mit.

Maximal zehn Personen fanden in dem Transit Platz, und bald waren alle Plätze besetzt. Über einen holprigen Sandweg fuhren wir abwärts in ein Seitental. Die Stoßdämpfer des Wagens waren nicht mehr die besten. Wir wurden heftig durchgeschaukelt. Aber wir kamen wohlbehalten im Tal an.

Der Weinbauer wollte uns zunächst nichts geben. Er hatte Angst, wir kauften alles auf und für ihn bliebe nichts mehr übrig. Aber nach gutem Zureden ließ er uns in die kühlen Gewölbe eintreten.

Nach einigem Probieren kaufte jeder einen Glasballon mit fünf oder zehn Litern Rotwein. In einer Ecke sahen wir, auf Stroh gebettet, Sektflaschen. Wunderbar, dachte ich, damit weihen wir das Haus ein.

Jeder von den Teilnehmern an der Partie nahm mindestens zwei Flaschen mit, wir gleich sechs Stück. Mein Mann meinte: „Die Korken sehen nicht sonderlich vertrauenswürdig aus. Sie stecken nur noch zur Hälfte in den Flaschen." Wir nahmen das nicht weiter ernst und beluden den Wagen. Jeder verstaute seine Sektflaschen neben sich auf dem Sitz oder zu den Füßen. Und schon ging's den Berg hinauf, Richtung Dorf.

Plötzlich tat es einen fürchterlichen Knall. Gleich darauf roch es stark nach Sekt.

Eine Flasche hatte die Schaukelei im Wagen nicht überstanden. Hinzu kam der Temperaturunterschied zwischen dem kühlen Keller und dem vollbesetzten, sehr warmen Bus. Paolo jammerte: „O je, und morgen muß ich in diesem stinkenden Wagen Kinder befördern!"

Noch ehe er den Satz zu Ende gesprochen hatte, flog an seinem Kopf vorbei der nächste Korken. Gottlob hielt die Windschutzscheibe.
Wir ließen nun schon die zweite Flasche reihum von Mund zu Mund wandern, und unsere Stimmung hob sich spürbar, da knallte die nächste Flasche, und ihr Inhalt ergoß sich in den Wagen.
Paolo schrie und beschuldigte mich, die ich hinter ihm saß und erschreckt meine Flasche von mir weghielt, ich wolle ihn ermorden. Die anderen hielten, so sie konnten, ihre Flaschen aus den Fenstern. „Das schöne Geld ist futsch", jammerte Pietro. Billig war der Sekt nämlich nicht. Einer schrie Paolo zu, er solle nicht so schwanken mit seinem Wagen. Doch der war hoffnungslos überladen, sowohl mit Menschen als auch mit Wein und Sekt.
Wir hatten Glück. Mein Mann hatte nur Flaschen mit intaktem Korken ausgesucht. Uns knallte nur ein Korken, aber dieser flog sehr nah an Paolos Ohr vorbei in die Windschutzscheibe. Und nun ging ein ohrenbetäubender Lärm los – Geschrei, Gelächter und Gefluche. Jeder roch fatal nach Alkohol.
In diesem Zustand erreichten wir endlich die Asphaltstraße, das Fahrzeug beruhigte sich und wir Insassen ebenso. Wir näherten uns dem Dorf und gewannen unser Gleichgewicht zurück.
Einige Frauen der im Wagen befindlichen Männer erwarteten uns schon und schauten nicht schlecht, als sie uns in so heiterer Stimmung und nach Alkohol duftend trafen. Jeder von uns hatte Federn gelassen. Doch Paolo war sichtlich der am ärgsten Betroffene. Trotz heftigem Waschen und Säubern roch sein Wagen noch wochenlang nach süßem Alkohol.
Bis zum Tag des Richtfestes knallten noch zwei weitere unserer Sektflaschen. Uns blieb trotzdem genügend Sekt zum Anstoßen.

Es wurde eine schöne Feier. Auf einem Grill brutzelten Fleischstücke. Dazu gab es Salate, in große tragbare Wannen gefüllt, Brötchen, viel Wasser und Cola und natürlich den Wein.
Auf Italienisch hielt ich eine kleine Dankesrede. Michele, der Vorarbeiter, überreichte mir einen großen Strauß Roggenähren –

dreimal so große Ähren wie bei uns in Deutschland, mit pechschwarzen Grannen. Den Strauß habe ich noch heute, nach mehr als zwanzig Jahren, und kein Korn ist bisher herausgefallen.
Bei einem solchen Fest ist vom Säugling bis zur hundertjährigen Uroma alles anwesend. Jeder kommt mit seinem Wagen. Für Fußgänger ist fast kein Durchkommen mehr.
Zwei alte Damen, beide fast hundertjährig, nahmen an unserem Richtfest teil. Ich glaubte, sie nebeneinander setzen zu sollen, damit sie sich gegenseitig das erzählen konnten, was so alte Menschen eben bewegt. Doch weit gefehlt. Sie hatten sich zerstritten, und jede kehrte der anderen den Rücken zu. Doch waren sie selbstverständlich mit dabei.
Am späteren Abend holte Linucio seine Ziehharmonika und spielte Weisen, zu denen die Männer zu tanzen anfingen. Im Kreise stellten sie sich auf, die Hände rechts und links auf die Schultern der Nachbarn gelegt. Dazu sangen sie. Die Frauen blieben sitzen und sangen und klatschten.

So war es vor zwanzig Jahren. Heute bröckeln diese alten Traditionen langsam ab. Bei solchen Festen fehlen die Sechzehn- bis Fünfundzwanzigjährigen, die lieber in eine Disco gehen. Älter geworden, finden sie sich als junge Familien wieder ein und machen mit. Es versteht sich von selbst, daß alle Kinder genauso lange aufbleiben wie die Erwachsenen oder aber in den Armen ihrer Mütter einschlafen.

Italienische Küche

Solche Feste feierten wir in den ersten Jahren öfter, oder wir wurden von anderen eingeladen, beispielsweise von Costabile und Stella, seiner Frau.
In Schweineschmalz eingelegte Salami gab es und vielerlei Salate und natürlich Rotwein. Schnaps und andere harte Getränke sind

hier auf dem Land nicht sehr verbreitet. Man trinkt den reinen selbstgekelterten Wein, und dies in Maßen. Nach ein bis zwei Gläsern gehen die Italiener zu Wasser oder Cola über. Noch nie sah ich in dieser Region einen betrunkenen Einheimischen. Und doch geht es sehr lustig und natürlich auch laut zu.
Ich mache mir nicht viel aus italienischer Salami Marke Eigenbau, seitdem ich zugeschaut habe, wie hier die Bauern schlachten. Von Fleischbeschau keine Spur. Auch schächten sie die Schweine, wie ich miterleben mußte.

Beim Nachbarn war es wieder einmal soweit. Ein Schwein mußte dran glauben. Man säuberte den Hof, schärfte die Messer. Marianne, in eine riesige Gummischürze gehüllt und mit einer Schüssel in den Händen, harrte der Dinge, die da kommen sollten.
Drei Männer bemächtigten sich des Schweins, das wohl ahnte, was ihm bevorstand. Es schrie und sprang wie wahnsinnig im Hof herum.
Endlich hatten die Männer es eingefangen. Einer stach ihm das Messer in den Hals. Doch das Schwein entkam, mit offenem Hals. Es dauerte eine Weile, bis unter heftigem Geschrei der Männer und noch lauterem Gequieke des armen Schweines das Tier sich wieder zwischen den Armen und Beinen der Männer befand, die es eisern festhielten.
Marianne schob geschickt die Schüssel unter den Hals, und schon floß das rote Blut in die Schüssel, an dem im Halse steckenden Messer vorbei und unter lautem Quieken des Schweins. Endlich blies man dem armen Tier das Lebenslicht aus und sengte es zunächst einmal ab. Weitere Einzelheiten erspare ich mir.
Marianne rührte und rührte, damit das Blut nicht klumpig wurde. Sie verarbeitete es weiter zu einer Süßspeise, die stark nach Schokolade schmeckt. Hier das bei Jung und Alt sehr beliebte Rezept.

Sanguinaccio

800 g Zucker, 1 l Milch, 400 g geraspelte Bitterschokolade, 400 g (durch Sieb passiertes) kaltes Blut und 100 g Butter in einem Kochtopf gut verrühren und langsam bei niedriger Temperatur unter ständigem Rühren zum Kochen bringen.
Für einige Stunden unter wiederholtem kräftigem Umrühren köcheln lassen. Dazwischen die Masse zwei- bis dreimal gut sprudelnd aufkochen.
Wenn die Masse eine feste, cremeartige Konsistenz erreicht hat, 100 g aufgelöste Stärke hinzugeben und unter Rühren nochmals aufkochen lassen.
3 Eigelb unterziehen, den Topf vom Herd nehmen und unter wiederholtem Rühren erkalten lassen, dabei eine Messerspitze Zimt, 2 Vanillezucker (oder den herausgekratzten Inhalt einer Vanillestange) und 100 g kleingeschnittenes Zitronat hinzufügen. Man kann den Geschmack mit etwas Likör nach eigenem Gusto verfeinern.
Diese Speise bleibt im Kühlschrank einige Tage frisch.

Zur damaligen Zeit gab es kaum Gefrierschränke in den Privathaushalten. Fast alles wurde zu Wurst verarbeitet, eben zu Salami. Die legte man in irdene Töpfe, begoß sie mit Schweinefett, das, zu Schmalz erstarrt, einen guten Schutz gegen Luft und somit gegen das Ranzigwerden bot. So konnten die Würste in den Kellerräumen über einen längeren Zeitraum hinweg haltbar gelagert werden. Costabile, der seine Würste köstlich fand, saß neben mir und legte mir vor. Bei jedem Bissen, den ich tat, schaute er mir erwartungsvoll zu und wartete auf ein „Ah“ oder „Oh“. Ich mag solche fetten Würste aber gar nicht besonders. Also aß ich langsam, mußte mich aber noch einige Male für die nachgereichten Würste bedanken.
Mein Mann war unvorsichtiger. Auch er mochte diese Art von Fleisch nicht und aß schnell alles auf, um fertig zu sein, wie er

dachte. Neben ihm saß Stella, Costabiles Frau, und die tat erwartungsvoll dasselbe wie ihr Ehemann. Da mein Mann seine erste Portion so eifrig heruntergeschlungen hatte, bekam er gleich die doppelte Menge nachgelegt.
Paolo, auch mit von der Partie, kicherte in sich hinein. Er wußte um unser Unbehagen, sagte aber nichts.

Doch, abgesehen von solch kleinen, mir nicht besonders begehrenswert erscheinenden Speisen, liebe ich die italienische Küche.
Das war nicht von Anfang an so. In den ersten Jahren unserer Aufenthalte in Castellabate schmeckten alle Speisen, die mir angeboten wurden, leicht ranzig. So empfand ich es jedenfalls. Das hatte folgende Ursache.
In unserem Dorf bediente man sich zum Pressen der Oliven meist der alten, zweifellos romantisch anzuschauenden Ölmühle. In früheren Zeiten ging ein Esel im Kreis um einen Trog herum, in dem sich zwei Steinräder drehten, welche die Oliven zermalmten. Anschließend legte man den Ölbrei zwischen Sisal- oder andere Matten, viele Lagen übereinander, und preßte ihn. Das ungereinigte Öl tröpfelte aus den Matten in ein Auffangbecken, und in diesem wurde das Öl vom Wasser und von den groben Rückständen befreit.
Die Oliven erntete man sehr reif, nämlich dann, wenn sie von selbst in die Netze fielen, die man unter den Bäumen ausgebreitet hatte. Die überreifen Früchte platzten beim Herunterfallen. Oftmals lagen sie lange in den Netzen und waren der Luft ausgesetzt. So entwickelte sich ein hoher Säuregehalt, und das Fett in ihnen oxidierte.
Das sehr reife Olivenöl hielt sich etwa ein Jahr; dann wurde es schnell ranzig. Mir war es zu stark, und es kratzte im Hals.
Warum? Weil sich in den Sisalmatten, trotz Waschens der Matten, und in Verbindung mit Luft der Ölschimmelpilz bilden konnte. Bekanntlich läßt sich Fett nur durch Erhitzen lösen, doch das kam bei den Matten ja nicht in Frage. Das Waschen im Meer half nicht viel.

Vor vielen Jahren gab es wegen des Olivenöls einmal einen Skandal, der auch durch die Presse ging. Man hatte versucht, den verseuchten Preßmatten mit Chemikalien zu Leibe zu rücken. Die chemischen Rückstände jedoch, die dabei entstanden, wurden im Öl entdeckt und angeprangert. Zu Recht, wie ich meine. Durch diese Chemikalien gehen auch viele gesunde Bestandteile des Öls verloren, und die Qualität wird dadurch zusätzlich beeinträchtigt.
Einige Zeit später bildete sich in meiner Region eine Cooperative. Die Bauern legten sich eine moderne Ölmühle zu, Frantoio genannt. Von diesem Zeitpunkt an war alles sauber.
Die Oliven werden in einen großen, in den Boden eingelassenen Trichter geschüttet. Von dort befördert sie rüttelnd ein Förderband nach oben, um eventuelle Erdreste und Steine auszusortieren. Das Förderband durchläuft einen Windkanal, wodurch die noch vorhandenen Blätter weggeblasen werden. Dann werden die Früchte gewaschen und kommen im wörtlichen Sinne unter die Räder. Drei große Steinräder drehen sich im Kreise umeinander und zermalmen die Oliven samt Kern. Frucht und Kern zusammen ergeben einen Brei. Der gleitet in einen riesigen Fleischwolf, in dem sich die inzwischen braune Masse so lange dreht, bis sie durch und durch zermalmt ist. Durch metallene Röhren gelangt sie zum Auffangbecken für das ungereinigte Öl.
Nun passiert der Brei nur noch die Zentrifuge, und schon sind große Behälter erreicht. In diese fließt der köstliche Saft, den die Bauern in daruntergestellten Kanistern auffangen.
Ein wunderbares Gefühl, vergleichbar dem bei einem Erntedankfest, überkommt mich jedes Mal, wenn es soweit ist. Die umstehenden Bauern begutachten das Öl der vor ihnen Drangekommenen. Der Verarbeitungsvorgang dauert vom Anliefern bis zu diesem Augenblick gut drei bis vier Stunden und läßt viel Zeit zum Bewerten der Qualität der anderen Öle und des eigenen.
Heutzutage geht es in den Ölmühlen noch moderner zu. Nach EU-Norm wird gearbeitet, und das bedeutet, der Ölkuchen wird nicht bis aufs Letzte ausgepreßt. Der Säuregehalt spielt eine Rolle, und

man verfährt sehr vorsichtig mit den Oliven bzw. dem Öl, vor allem bei der ersten Pressung.
Auch die nachfolgende Pressung heißt noch „natives Olivenöl", doch wird dabei schon mit Hitze gearbeitet. Es folgen weitere Verarbeitungen des Ölkuchens.
Seit es die modernen Ölmühlen gibt, ungefähr seit den frühen achtziger Jahren des vergangenen Jahrhunderts, liebe auch ich die italienische Küche und verwende in der Küche für alles, was Fett braucht, fast ausschließlich mein eigenes Olivenöl. Ich weiß um den Wert dieses besonderen Saftes, seitdem ich selber einen Olivenhain besitze und bearbeite.

Das Anwesen des Dottore

Mehrmals im Jahr reisten wir nun nach Italien. Viel Zeit zum Ausruhen blieb uns nicht. Jedes Mal wurde am Haus weitergebaut oder im Garten gearbeitet.
Mein Ehrgeiz richtete sich darauf, einen üppigen bunten Blumengarten anzulegen. Doch all die Blumen und Sträucher wuchsen längst nicht so an, wie gedacht. Ihnen fehlten das regelmäßige Gießen und die kontinuierliche Pflege. Damit war es leider schlecht bestellt. Zwar versuchte ich mit Geld, ein Nachbarsmädel zum regelmäßigen Gießen zu animieren, das half jedoch nicht viel. Bevor wir kamen, kündigte ich uns telefonisch an. Dann erst begann man mit dem Gießen. Da waren die meisten Pflanzen aber schon vertrocknet.
Die Bauern hier halten mehr von Nutzpflanzen. Also ließ ich nur noch wachsen, was sowieso in dieser Gegend wächst und mit wenig Wasser zufrieden ist. Das mußte ich aber erst lernen.

Einmal, als ich einen Arzt benötigte, fuhr mich Marianne über Land zu einem älteren Medicus. Er praktizierte nur noch privat bei sich zu Hause. Und was für ein Heim er sein Eigen nannte!

Wir passierten ein hohes schmiedeeisernes Tor, das wir öffnen und hinter uns wieder schließen mußten. Dann folgten wir einem Weg, dessen Ränder alle Kräuter der Gegend säumten, angefangen vom Rosmarin bis hin zum Salbei. Rechts und links vom Weg erstreckten sich weite Flächen mit ausgesuchten Sorten von Feigenbäumen, mit Aprikosen- und Pfirsichbäumen. Kirschbäume gab es auch – ach, alles, was mein Auge zu sehen wünschte. Die Feigenfrüchte waren so groß wie kleine Apfelsinen und schmeckten ganz besonders süß und saftig.
Unvermutet standen wir vor einem kleinen Haus, dem ehemaligen Wärter- oder Bedienstetenhaus, und weiter ging es, bis wir im Hintergrund ein Herrenhaus mit großer Terrasse erblickten. Davor breiteten sich kunstvoll angelegte Blumenrabatten und Sträucher aus. Auf einem mit Kieselsteinen belegten Hof hielten wir. Rechts und links des Weges standen schon einige Wagen. Man hatte Besuch.
Der Arzt versorgte mich rasch, und ich konnte meinen Blick im Innern des Hauses schweifen lassen. Was ich sah, beeindruckte mich tief.
Auf der Rückfahrt schwärmte ich von dem Gesehenen und hörte nicht mehr damit auf. Ein ganzes Jahr lang fuhr ich fort zu schwärmen, bis ich hörte, der Dottore verkaufe sein Anwesen. Er besaß ein noch schöneres auf einem anderen Hügel.
Mit Paolo und Marianne besichtigten wir dieses von mir gepriesene Stück Land, das zwanzigtausend Quadratmeter umfaßte. Ich kam mir vor wie im Schlaraffenland. Der Besitzer war ein Garten- und Pflanzennarr. Alles, was man sich auf einem südlichen Anwesen vorstellen kann, hatte er angepflanzt. Ich biß in einen Pfirsich hinein, der so süß und saftig schmeckte, daß mir der Saft rechts und links aus den Mundwinkeln lief. Wir schwelgten in all den Früchten um uns herum, bissen sie an und warfen sie dann weg. Es gab sie ja im Überfluß.
Mein lang gehegter Traum – zum Greifen nahe lag er vor mir. Der Preis schien akzeptabel. Ich bat mir aus, daß alles alte Gerümpel

vom Grundstück entfernt sein sollte, bevor wir zum Vertragsabschluß schritten.

Am vereinbarten Tag fanden wir uns beim Ingeniere ein, dem nämlichen stattlichen Herrn, der unseren Hausbau begleitet und den Vorvertrag mit uns ausgearbeitet hatte. Sein Haus lag auf dem Weg zu dem sehnlichst von mir begehrten Anwesen. Zum Notar geht man zu einem späteren Zeitpunkt.

Vor dem Ingeniere erschienen: der Verkäufer mit Bruder, die Käuferin, also ich, mein damaliger Noch-Ehemann, als Zeugen Paolo und mein Baumeister Costabile sowie zwei Nachbarn, die zustimmen mußten, da ihre Grundstücke an das zum Verkauf anstehende Gelände grenzten. Die Verhandlungen kamen gut voran. Dann ging es um den Preis.

Plötzlich wollte der Verkäufer eine Pause einlegen. Sein Bruder hatte ihn dazu gedrängt.

Ich ahnte nichts Gutes. Als ich zufällig aus einem Fenster schaute, sah ich den Lkw des Dottore die Straße entlangfahren, voll beladen mit dem Gerümpel, das ich entfernt wissen wollte, bevor der Vertrag unterschrieben wurde. Gottlob war es ihm also ernst mit dem Verkauf.

Nach einer Weile trafen wir uns im Arbeitszimmer des Ingeniere wieder, und siehe da, man wollte plötzlich eine beträchtlich höhere Summe haben. Der Bruder des Verkäufers stellte sich auf die Hinterbeine. Er hatte wohl mein großes Verlangen nach dem Anwesen bemerkt und glaubte, ich wäre zu einem größeren Aderlaß bereit.

Nun war es an mir, eine Pause einzulegen.

Die ganze Angelegenheit zog sich Stunden hin. Ich verzog mich in eine Ecke und ging mit mir selber zu Rate.

Einer plötzlichen Eingebung folgend, sagte ich nein. Ich wollte und konnte mich nicht bis aufs Hemd ausziehen lassen. Äußerlich war ich vollkommen ruhig, innerlich todunglücklich.

So platzte dieser Traum und ließ lauter nachdenkliche Gesichter zurück. Der Ingeniere fühlte sich um sein Honorar betrogen. Der

Verkäufer war sicher, das Geschäft seines Lebens verloren zu haben. Die Zeugen bzw. Angrenzer waren zufrieden, sich auf nichts Neues einlassen zu müssen. Paolo war verärgert; ihm entging, wie ich später erfuhr, eine saftige Provision.
Kein Wort wurde auf dem Nachhauseweg gewechselt. Jeder ging erst einmal seiner Wege.

Ich hatte ein Problem. In Deutschland hatte ich mich zuvor von einer Eigentumswohnung getrennt und führte den vollen Kaufpreis in bar bei mir. Was tun damit? Wieder nach Deutschland mitnehmen?
Paolo und Costabile waren sofort bereit, ein geeignetes anderes Objekt zu suchen. Doch alles, was sie mir zeigten, verglich ich mit dem eben verlorenen und lehnte ab. Keines reichte auch nur annähernd an das Besitztum des Dottore heran.
Inzwischen war es August und auch während der Nachtstunden sehr heiß. Mitten in der Nacht saß ich auf der Terrasse. Im Dunkeln kamen zwei Gestalten auf mich zu und entpuppten sich als Paolo und Costabile. Sie hatten einem Onkel von Costabile mit viel Überredungskunst ein Haus und Grundstück abspenstig gemacht, um es mir anzubieten.
Als ich es am nächsten Tag besichtigte, war ich nicht begeistert von diesem Angebot, doch wurde mir die wirklich schöne Lage bewußt: weit oben am Berg gelegen, auf ein herrliches Meer und auf hügelige Landschaft schauend –, und ich nahm es.
Nun konnten wir doch noch zum Ingeniere gehen und einen Vertrag zustande bringen. Aber noch Jahre später fuhr ich mit wehmütigen Gefühlen an meinem Traumgrundstück vorüber.
So kam ich zu meiner jetzigen Residenz und habe nie bereut, daß ich mich überreden ließ. Im Gegenteil, das andere Anwesen wäre viel zu groß und unhandlich gewesen.

Lebenswende

Inzwischen hatte sich einiges in meinem Leben verändert. Ich trennte mich von meinem Ehemann. Dieser Schritt kostete mich viel Geduld, Kraft und Zeit und Energie, bevor er zu einem für mich positiven Ende führte.

So leicht lassen sich zwanzig gemeinsame Lebensjahre nicht abschütteln. Selbst wenn die Trennung vollzogen ist, muß das vorangegangene Stück Leben erst verarbeitet und erneut durchlebt werden, ähnlich wie in einer Trauerzeit.

Castellabate, mein Haus und Anwesen und all die Arbeiten, Sorgen und Freuden, die daran hingen, wurden in dieser Zeit meine Zuflucht und blieben es bis zum heutigen Tage. Dieser Ort mit allen und allem, was dazugehört, ist mir allmählich Heimat geworden.

An einem bestimmten Punkt meines Lebens angekommen, wollte ich dies Leben endlich so gestalten, wie ich es mir zuvor schon lange vorgestellt und gewünscht hatte. Da ich es war, die Veränderung suchte, mußte ich sie auch allein herbeiführen. Mein Mann wollte keine Veränderung. Er hatte sich in seinem Leben eingerichtet und war immer Bremsklotz.

Irgendwann wußte ich, daß unsere Beziehung schon längst ein Ende gefunden hatte. Meine Kinder aus erster Ehe lebten ihr eigenes Leben. Übrig geblieben war mit diesem Mann, mit dem ich keine Kinder hatte, eine reine Zweckgemeinschaft, in der ich als Mensch, als Frau überhaupt nicht mehr vorkam. Mich selbst nahm ich kaum noch wahr.

Mein Mann sah das anders. Er fand wie selbstverständlich immer einen Schrank voller gewaschener und gebügelter Wäsche vor. Der Haushalt war gut bestellt, er brauchte sich nur um sich selbst zu kümmern. Eine Partnerschaft mit Inhalten zu füllen war ihm fremd. Er hatte es nie gelernt, hatte dazu in jungen Jahren wohl auch keine Chance bekommen oder sie nicht genutzt. Fast jede Initiative kam von mir.

Heute bin ich froh und glücklich, diese schwierige Zeit der Trennung durchgestanden und die Partnerschaft endgültig hinter mir gelassen zu haben. Doch sind diese Jahre nicht umsonst gelebt. Ich empfinde keinen Haß und kein Bedauern. Es gab ja auch schöne gemeinsame Jahre, die mich über manches hinwegsehen ließen, was mir später unangenehm auffiel. Ich habe viel dazugelernt und fühle mich heute sicherer und froher allein als in den langen Jahren des Zusammenseins mit einem ungeliebten Mann.
Und positiv dazu beigetragen haben sicherlich die Aufenthalte hier im Süden unseres Kontinents.
Ganz allmählich gehöre ich schon etwas mehr zu diesem Ort und seinen Menschen. Ich erfahre von seiner Geschichte und von jetzigen Begebenheiten, heiteren und traurigen.

Feigen

In meiner Nachbarschaft lebt ein altes Rentner-Ehepaar – er, Manuele, hochgewachsen und gutmütig, sie, Elena, fleißig und freundlich. In einer Kurve steht an der Straße ihr Häuschen. Darum herum haben sie auf engstem Raum Blumen über Blumen gepflanzt, gut gepflegt zu jeder Jahreszeit.
Elena fertigt köstlich schmeckende Päckchen aus Feigen an. Auch ich versuchte mich einmal an diesen wohlschmeckenden Feigenfrüchten. Doch damals steckte ich noch im Berufsalltag und hatte weder die Geduld noch die Zeit, tagelang die mir inzwischen bekannte Prozedur durchzuführen.
Im Herbst, wenn die Feigen reif sind – es gibt verschiedene Sorten, blaue zum Beispiel oder besonders große, eigens gezüchtete Feigen, auch die Geschmäcke sind unterschiedlich –, werden die einfachen Feigen von den Bäumen gepflückt und getrocknet. Man sieht allerorts große weidengeflochtene Tabletts, auf denen sie ausliegen und der Sonne ausgesetzt sind. Durch häufiges Wenden erhalten sie irgendwann ihre eingeschrumpfte Form.

Nun werden erst einmal alle notwendigen Ingredienzien zusammen getragen, als da sind: die Samen von Fenchel, Anis, Kümmel, Lorbeerblätter, natürlich in der Umgebung gesammelt, dazu frische Mandeln. Diese müssen geknackt werden. Die Kerne schneidet man in zwei Teile und röstet sie in einer Pfanne.
Vom Mandelknacken bekam ich in der rechten Arbeitshand einen saftigen Muskelkater. Ich ging zu der einfacheren Methode über und schlug die Mandeln mit einem Stein auf. Von den Bäumen holte ich mir Zitronen. Einige Sorten reifen das ganze Jahr über. Am selben Ast wachsen sowohl Blüten als auch Früchte in allen Entwicklungsstadien und Größen. Von den Zitronen nimmt man nur die gelbe Schale und würfelt sie klein.
Zum Schluß sammeln die Einheimischen Holzästchen und schnitzen sie zu langen Stäben, an einem Ende verdickt, so daß die erste Reihe Feigen nicht herunterrutschen kann. Ich machte es mir einfacher und erwarb große hölzerne Spieße für Schaschlik. Sie erfüllen den gleichen Zweck.
Nachdem all diese langwierigen Vorbereitungen beendet sind, geht die eigentliche Arbeit los. Die Feigen schneidet man so auf, daß sie zwei zusammenhängende Hälften bilden. Immer zwei dieser geöffneten Feigen bilden eine Einheit. Zwischen die Hälften werden von Hand etwas Anis, Kümmel, Fenchel, Zitronenschalenstückchen und Mandelhälften gelegt und beide Hälften mit den Innenflächen aufeinandergepreßt. Diese nun wieder vollen beiden Feigen, miteinander verbunden, streift man über zwei parallel liegende Holzspieße. So wandert eine Doppelfeige auf die andere, und dazwischen wird ab und zu ein Lorbeerblatt gespießt. Hat solch ein wachsendes Paket seine achtzehn bis zwanzig Zentimeter Länge, ist es fertig; das Ende der Spieße ist erreicht. Etwa drei dieser Pakete ergeben ein Kilo.
Ein einziges Mal nahm ich mir alle Zutaten mit nach Deutschland und werkelte verbissen drei Tage, bis ich alles verarbeitet hatte. Hier auf dem Lande denken die Frauen noch in anderen Zeiteinheiten. Hier sitzen sie Stunde für Stunde, um diese Köstlichkeit herzustellen.

Zum Schluß werden alle Pakete im Backofen bei achtzig bis hundert Grad Celsius haltbar gemacht. Kein Konservierungsmittel wird verwendet, kein Schwefel und erst recht nicht die Gaskammern, durch die industriell erstellte Trockenfeigen gejagt werden. Natürlich hat das auch seinen Nachteil. Länger als circa drei Monate sollte man diese im Backofen steril gemachten Feigen nicht aufheben. Sonst könnte es passieren, daß sich doch einmal ein Würmchen einschleicht und der Freude am Genuß ein Ende setzt. Früher waren solche Feigen das Konfekt für die Kinder. Da gab es auf dem Lande noch keine Geschäfte, in denen um die Kasse herum in jeder Augenhöhe alle erdenklichen bunten Köstlichkeiten lagen. Geld dafür war auch keines vorhanden.

Abschiede

Zurück zu dem lieben alten Paar. Wie fast alle seiner Generation hatte Manuele in der Nachkriegszeit, in den fünfziger und sechziger Jahren des vergangenen Jahrhunderts, in Deutschland gearbeitet.

Viele Menschen berichteten mir mit glänzenden Augen von dieser Zeit, die ihnen Geld und Anerkennung verschaffte. Damals brauchten die Deutschen diese Arbeitskräfte noch und behandelten sie demzufolge anders als heute. Wenn man davon absieht, daß bei längerer Abwesenheit von der Heimat öfter Zweitfamilien in Deutschland entstanden, haben diesen Männern die Jahre in der Fremde nicht geschadet. Sie brachten Geld mit nach Hause und somit einen gewissen Wohlstand. Ihre freundliche Einstellung gegenüber den Deutschen behielten sie bei, als diese scharenweise südwärts in den Urlaub fuhren.

Und auch heute noch erzählen mir ältere Menschen, die mir zum ersten Mal begegnen, oft von ihren positiven Erfahrungen, an die sie sich aus ihrer Zeit in Deutschland erinnern. Viele können ihre kärglichen Altersrenten durch die Anwartschaften aus Deutschland aufbessern. Ihre Jahre in Deutschland wirken noch heute positiv nach.

Manuele hatte aus dem Krieg Splitter im Körper mitgebracht. Die machten ihm sehr zu schaffen. Eines Tages starb er plötzlich. Vielleicht hatte sich einer dieser Splitter auf die Wanderschaft gemacht.
Innerhalb von vierundzwanzig Stunden, im Sommer möglichst noch am selben Tag, bringt man hier die Toten auf den Friedhof. An bestimmten Mauern, im ganzen Ort verteilt, werden Plakate angeschlagen, die alle erforderlichen Informationen und Ankündigungen enthalten. Das Beerdigungswesen funktioniert schnell und gut. Ein Totenglöcklein gibt durch die Anzahl der Schläge bekannt, ob ein männliches oder weibliches Wesen verstorben ist.
Bei Manuele war der Beerdigungstermin auf den nächsten Morgen angesetzt.
Fast das ganze Dorf, aus jeder Familie zumindest einer, nimmt Abschied von dem Toten. Hier im Ort sind fast alle Familien miteinander verwandt. Elenas kleines Haus war bis tief in die Nacht hinein hell erleuchtet und von Menschen besucht, die kamen, eine Zeitlang blieben und wieder gingen.
Manuele lag im Wohnzimmer aufgebahrt. Um seinen Kopf, das Kinn stützend, war ein Tuch gebunden. Er lag ganz friedlich da. Jeder der Ankömmlinge gab ihm einen Kuß auf die Stirn.
Ich brachte nur ein Streicheln seiner Wange zustande. Dann ging ich zu Elena. Am Fußende des Bettes saß sie, gestützt von zwei Frauen, und weinte. Sie war ganz still. Ich berührte auch sie und mischte mich dann unter die Anwesenden. Ein paar Frauen klagten laut. Das gehört hier zum Ritual.
Immer wenn es zu eng in diesem Häuschen wurde, verschwanden einige und machten Neuankömmlingen Platz. So ging das bis in die frühen Morgenstunden hinein.
Am nächsten Tag nach der Messe zog der Trauerzug in Richtung Friedhof.

Für jemanden wie mich, die ich hinter dem Cimitero wohne, war kein Durchkommen mehr. An manchen kirchlichen Feiertagen kommen sogar zwei bis drei Polizisten, die, ausgerüstet mit einem Handy, den Verkehr auf der schmalen Straße zum Friedhof regeln. Alle, die nicht hinter dem Friedhof wohnen, müssen ihre Fahrzeuge dann schon weit hinten im Dorf abstellen und warten, bis die Trauergemeinde sich auflöst. Als ich einmal während eines kirchlichen Festtages, an dem die Toten besucht werden, zu meinem Haus gelangen wollte, bekam ich förmlich Begleitschutz durch einen Polizisten, sonst hätte hier keiner mir Platz gemacht, ob zu Fuß oder mit dem Auto.
Fünf Ortschaften gehören zu diesem Friedhof; da sammeln sich im Handumdrehen hunderte von Menschen und ebensoviele Autos an, die alle möglichst nahe beim Friedhof parken wollen. Ein kleines Chaos entsteht. Da Fußgänger hier Vorrang haben, dauert es ziemlich lange, bis sich solch ein Stau wieder aufgelöst hat. Doch das geschieht nur ein paarmal im Jahr.

Mein neues Anwesen ist ein rustico, Stein auf Stein gelegt die meterdicken Mauern, ohne Mörtel verbunden. Das Gebäude ist in den Hang hineingebaut, an einer Seite einstöckig, an der anderen Seite doppelt so hoch.
Der Blick vom Haus auf die umliegende Landschaft, die sich sanft hügelig ins Tal und zum Meer hin erstreckt, läßt das Auge auf vielen Einzelheiten verweilen, ehe es sich bis zum Meer vortastet, das irgendwo weit hinter dem Horizont endet.
Der Olivenbaum prägt die Landschaft und der Wein. Dazwischen finden sich viele Feigenbäume. Auch Eichen wachsen hier, nicht die Riesenbäume wie bei uns in Deutschland, nein, kleine, knorrige Bäume, die oft nur Strauchhöhe erreichen. Ihr Grün kontrastiert gut zu dem der Olivenbäume, des Weines, der Feigen, der Pinien, des Eukalyptus, der Palmen, all der Obst- und Südfrüchtebäume und natürlich des Oleanders, der sich mit seinen vielerlei Blütentönen prächtig in den Reigen der bunten Farbenpalette einfügt.

Blicke ich nach rechts, habe ich die Silhouette von Castellabate vor mir, dazu den langgezogenen Höhenrücken, auf dem sich Haus an Haus schmiegt. Dahinter das Meer. Schaue ich nach der anderen Seite, steigt mein Blick hoch zum Monte Stella, einem Bergmassiv von über tausendzweihundert Metern Höhe. Gegen Ende des Krieges richteten die Amerikaner diesen Berg als Nachrichtenstation ein. Heute noch sind dort oben riesige Antennenmasten zu sehen, die nun sicherlich zu einem friedlichen Zweck genutzt werden.

Ich bin bei Stella eingeladen. Sie ist inzwischen sechzig Jahre alt geworden und lebt seit sieben Jahren als Costabiles Witwe, mit ihrem Sohn Antonio und ihrer Schwiegertochter zusammen, in ihrem Haus. Es ist gemütlich bei ihr, ich fühle mich immer wie zu Hause.
Stella kocht ausgezeichnet. Heute gibt es:

Scarola e Fagioli

Für 4 Personen nimmt man 500 g weiße Bohnen (sie können auch aus der Büchse sein). Mit 150 g Olivenöl, 1 zerdrückten Knoblauchzehe, 2 in Stücke geschnittenen Rippen Stangensellerie, 4 kleineren Stücken geräuchertem Kaßler, 3 zerdrückten Tomaten, Petersilie, Pfeffer und Salz leicht köcheln lassen (ca. 10 bis 15 Minuten).
Den zuvor bei geschlossenem Deckel in kochendem Salzwasser blanchierten Endiviensalatkopf (ungefähr 500 g schwer) abseihen, ausdrücken, kleinschneiden und in dem Topf mit den Bohnen unterrühren.
Man ißt dieses Gericht in Italien oft mit getrocknetem hartem Brot, das man zum Schluß hineinbrockt. Es läßt sich ausgezeichnet mit Kartoffeln, Nudeln oder mit Reis als Beilage kombinieren.

Stella hat eine wunderschöne Schwiegertochter, Violanda mit Namen. Eine wahre Flut von schwarzen Löckchen umrahmt ihr sehr fein gezeichnetes, blasses Gesicht. Die Augen braun, schön geformt die Nase, ebenso Augenbrauen und Lippen. Meist trägt sie das Haar im Nacken zusammengehalten, anders sind die Löckchen kaum zu bändigen. Bis über die Schultern fallen sie ihr. Botticelli hat solche Frauen gemalt. Auch die Sanftheit, die Botticellis Frauen ausstrahlen, gehört zu Violandas Wesen. Violanda ist etwas Besonderes, auch in den Bewegungen ihres wohlgeformten Körpers. Ihr Sprechen ist Musik. Antonio, ihr Ehemann, weiß das ganz genau und benimmt sich wie ein typischer Südländer. Eifersüchtig wacht er über sie.
Heute bleiben wir aus einem traurigen Anlaß beieinander. Der Vater eines anderen Antonios, ebenfalls einer meiner Nachbarn und Besitzer eines Hotels, ist verstorben. Stella teilte mir das bereits heute früh telefonisch mit.
Wir begeben uns zu den Beerdigungszeremonien. Zuerst gehen Stella und ich zum Haus der Familie des Toten. Unzählige Autos blockieren die Straßen, die Auffahrt und alle Parkplätze rings um das Hotel. Der Leichenwagen mit dem leeren Sarg steht schon im Hof. Der Blumenwagen, mit Kränzen und Gebinden jeglicher Größe und Form beladen, steht gleichfalls bereit.
An den vielen Trauernden vorbei, die sich bereits vom Verstorbenen verabschiedet haben und nun warten, gehen wir ins Haus und sogleich in den ersten Stock hinauf, wo die Menschen in einem etwa dreißig Meter langen Korridor eng zusammenstehen und sich leise unterhalten. Vor einer Tür reihen wir uns in die Schlange Wartender ein und schieben uns mit den anderen langsam in den Raum hinter dieser Tür.
Zunächst erkenne ich nur Köpfe und Körper. Dann, mich in der Schlange vorwärtsbewegend, der Gegenstrom drängt sich nach draußen, sehe ich das Bett, auf dem der Tote im Sonntagsanzug gebahrt liegt, umrahmt von vielen Blumen, Kerzen und Kreuzen. Zu beiden Seiten des Bettes stehen oder sitzen die Angehörigen.

Ich folgte der Menschenschlange bis ans Ende des Zimmers zum ältesten Sohn Antonio und seiner Frau, dann zu den nächsten Verwandten. Allen drückt man die Hand und bietet die Wange zum Kuß, eine nur angedeutete Geste. Antonio bedankt sich, daß ich, Signora Renata, gekommen bin, um Abschied von seinem Vater zu nehmen.

Nach diesen Berührungen geht es zurück, am Fußende des Bettes vorbei zu dem Toten, von dem man sich verabschiedet. Ich schaue ihn nur an. Wie klein und fremd und hilflos doch so ein Menschlein aussieht, denke ich mir, und schon so weit weg von uns allen. An seinen sehr freundlichen Gruß, wenn wir uns begegneten, erinnerte ich mich. Unsere Grundstücke grenzen aneinander. Immer fand er ein paar persönliche Worte für mich. Er war erst in den Siebzigern und, wie man hörte, wohl wieder auf Freiersfüßen. Seine erste Frau verstarb vor einiger Zeit.

Die jüngste seiner Töchter kann sich mit dem plötzlichen Tod des Vaters noch nicht abfinden und klagt ganz laut und herzzerreißend um ihn. Während dieser Stunden verausgabt sie sich körperlich wie seelisch total. Vielen der Anwesenden treibt diese so offenbare Trauer die Tränen in die Augen, auch mir. Schön, wenn man so betrauert wird, denke ich bei mir. In einer Reihe sitzen die Angehörigen, und ich drücke allen die Hand; auch hier werden die Wangen zum Trostkuß dargeboten.

Wieder draußen auf dem Gang angelangt, mische ich mich unter die Wartenden. Viele von ihnen kenne ich, und so entspinnen sich gedämpfte Gespräche, einzelne Sätze werden gewechselt, die sich meist auf den Verstorbenen beziehen.

Irgendwann kommt der Priester und segnet den Toten. Wir warten, bis der Sarg mit dem Toten aus dem Hause getragen ist, und gehen zu Fuß hinter dem Leichenwagen her zur etwa anderthalb Kilometer entfernten Kirche, angeführt von dem schön geschmückten Blumenwagen. Voller Menschen ist die Kirche, obwohl heute ein normaler Arbeitstag ist.

Nach der Andacht geben wir dem Verblichenen das letzte Geleit zum Friedhof – ein weiterer längerer Fußmarsch in entgegenge-

setzter Richtung. Auch hier segnet der Priester den in der Kapelle aufgebahrten Toten. Nochmals verabschieden wir uns von diesem Menschen, der von uns gegangen ist, und alle berühren mit den Händen oder dem Mund erst den Toten und dann reihum die Angehörigen.
Noch nicht einmal zwanzig Stunden sind seit der Todesstunde verstrichen. So schnell wird hier ein menschliches Wesen zur letzten Ruhe gebettet.

Ruhestätte

Mein Grundstück liegt hinter dem Friedhof. Wenn ich es verlasse, laufe oder fahre ich einen Feldweg entlang, bis ich zur Straße gelange. In jedem Fall muß ich an der Friedhofsmauer vorbei, um das Dorf zu erreichen. Nachts, alleine, zu Fuß ist das manchmal unheimlich, selbst für mich, die ich daran gewöhnt bin.
Gestern, an einem klaren, hellen Abend, fand ich diesen Weg heimelig. Ein auf dem Rücken liegender silbrigbleicher Halbmond, umgeben von vielen Sternen, eingebettet in die Silhouette der schlanken, hohen Friedhofszypressen, schaute, wie mir schien, freundlich auf mich herab. An einen Scherenschnitt gegen den nächtlichen Himmel erinnerte mich dieses Bild.
Die Friedhofsmauer, an der ich entlanggehe, ist mindestens zwei Meter hoch. Dahinter stehen die Toten-Laden, deren zwei oberste Stockwerke über diese Mauer schauen. Sie sind erleuchtet. Hier baut man die Gräber in die Höhe, eines über das andere. Wie Schubfächer in einer Kommode sehen sie aus. Fotos der Verstorbenen und ihre Geburts- und Todesdaten schmücken jedes Fach. Blumenvasen, in die Wand eingelassen, verleihen dem Ganzen mit ihren bunten Blüten ein fröhliches und doch feierliches Aussehen.
Immer wieder stoße ich auf die gleichen Namen. Ob nun Russo, Cilento, Biasi, Franciulli – hier sind fast alle irgendwie miteinander verwandt. Manche Familien haben eine eigene kleine Kapelle für

ihre Toten. Doch viel häufiger sind diese rechteckigen Kästen mit den Schubladen anzutreffen. In die Erde hinein gibt man die Toten nicht gern.

Unser Friedhof ist fast ganz ausgelastet. Fünf Gemeinden zusammen haben nur diese eine Ruhestätte. Immer weiter in Richtung meines Grundstücks bohren sich die Bagger, und man baut riesige Kapellen, in denen Gottesdienste abgehalten und die Toten zur Ruhe gebettet werden. Jede dieser Kapellen gehört einer privaten Vereinigung. Kapellen – man nennt sie so, doch sind es in Wirklichkeit fünf- bis sechsstöckige wuchtige Bauten mit riesigen Hallen in jedem Stockwerk, hineingetrieben in den Hang.

Heute baut man platzsparender. Oben werden nur noch kleine Tafeln angebracht, mit allen Daten der Toten versehen und mit der obligatorischen Fotografie. Solche Gedenktafeln bedecken sämtliche Wände. In den darunter liegenden Stockwerken liegen die dazugehörigen Körper, alle in Zinksärgen. Zu diesen Stockwerken hat man aber kaum Zutritt. Der Körper des Toten, dem ich zwei Schubladenstockwerke über mir ins Fotogesicht schaue, liegt irgendwo weit unter meinen Füßen.

Ich versuche, eine Verbindung herzustellen, zum Beispiel zu Costabiles Bruder Alfredo, den ich noch recht gut in Erinnerung habe, doch irgend etwas zieht mich aus unerklärlichen Gründen in die Tiefe. Über das Foto kann ich keine Verbindung zu diesem mir ehemals bekannten Toten herstellen. Irgendwie absurd kommt mir das vor, und schnell verlasse ich diesen Raum.

Rechts und links des Hauptweges zum Ausgang des Friedhofs stehen, wie überall in Italien, riesige Zypressen. In der Toskana findet man sie auch außerhalb der Friedhöfe oft als Alleebäume. Ich liebe diese Zypressen.

Als ich einmal den Wunsch äußerte, solche Bäume entlang meines Weges zu pflanzen, traf ich nur auf entsetzte und ablehnende Gesichter. Man wolle zu mir doch nicht wie zum Friedhof kommen. Also pflanzte ich Pinien und Eukalyptus. Diese Bäume wurden gebilligt.

Vergleiche ich die Friedhöfe dieser Region mit unseren deutschen, so gefällt mir die Buntheit und Vielfalt der südlichen Begräbnisstätten besser als unsere geradlinig strenge Grabanordnung. Doch ist es wie vieles uns Unbekannte gewöhnungsbedürftig.
Kürzlich erzählte mir Maria, sie sei bei einer Sargöffnung dabeigewesen. Nach dreißig Jahren wurden die Gebeine eines Menschen umgebettet. Trotz der Wärme dieses südlichen Landes hatte der Zinksarg den Körper konserviert. Sogar das Fleisch sei noch zu sehen gewesen, erzählte sie mir. Nach Öffnung des Sarges allerdings, wenn erst einmal Luft an den Körper gelangt, zerfällt er rasch.
Ich kann mir nicht vorstellen, freiwillig einer solchen Prozedur beizuwohnen.

Oliven

Geträumt habe ich oft von einem eigenen Grundstück, auf dem ich die Padrona bin. Hier, im Süden unseres Kontinents, gelang es mir, diesen Traum Wahrheit werden zu lassen. Diese Liebe zur Natur, zur Landschaft, zum Arbeiten in dieser Landschaft und Bearbeiten von Teilen der Natur, die einer Landwirtin Nutzen bringen, muß wohl in meinen Genen stecken. Meine Vorfahren waren Landwirte in Ostpreußen.
So pflege ich meinen Olivenhain und den kleinen Weinberg, dessen Endprodukt mir, während ich diese Zeilen schreibe, in einem Weinglas leuchtend rot entgegenscheint. Es ist ein guter, eher schwerer Landwein, von dem ich nur ein Glas am Abend genieße. Eine leichte Unbeschwertheit verbreitet sich in meinem Körper, und ich schlafe gut in den nächsten Tag hinein.

Jetzt, Anfang Mai, haben die Olivenbäume bereits kleine Knospen angesetzt, die sich bis Ende Mai, Anfang Juni nach und nach öffnen werden. Es sind Blütenrispen mit kleinen weißen Blütenblättern. Reifen nur etwa zehn Prozent dieser winzigen weißen Blüten zu ausgewachsenen Oliven heran, können die Äste das Gewicht der Früchte kaum tragen und halten. Doch vielerlei Unbill kann große Teile der heranwachsenden Früchte vernichten. Bei zuviel Sturm während der kurzen Blütezeit beispielsweise werden die Blütenblätter davongetragen, ohne bestäubt worden zu sein.

Bis zum Oktober bilden sich aus den bestäubten Blütenständen die Früchte, und je nachdem wie heiß oder naß der Sommer war, beginnt die Ernte zwischen Mitte Oktober und Mitte November.

Im vergangenen Jahr war die Sommerhitze selbst den Oliven zuviel. Sie stellten ihren Reifeprozeß einfach ein. Erst als der ersehnte Regen kam, konnte ich zusehen, wie sie reiften. Innerhalb von zwei Wochen holten sie alles nach, was sie zuvor „verschlafen“ hatten. Wunderbar, wie die Natur sich hilft!

Um nicht auszutrocknen, fällt der Olivenbaum in einen Sommerschlaf und wacht erst bei günstigeren Lebensbedingungen wieder auf. Dies ist ein Grund dafür, warum die Erntezeit der Oliven in verschiedenen Breitengraden voneinander abweichen kann. In der Toscana beginnt man erst im Dezember mit der Ernte. Dort ist es kälter als in Süditalien. Auch in Tunesien wird so spät geerntet, aus ähnlichen Gründen wohl und auch der anderen Sorten wegen, die sich gut an die dortigen Bedingungen anpassen.

Hier in Campanien hat sich die Erntezeit ebenfalls verschoben. Bereits in der ersten Hälfte des Oktobers beginnt man nun zu ernten, mit den oben erwähnten Ausnahmen.

Von Mitte bis Ende September legt man unter den Olivenbäumen die Netze aus. Bei meinem Olivenhain dauert diese Arbeit, wenn man kräftig zupackt, einige Tage. Das Gelände erstreckt sich über viele Hänge abwärts. Zehn Terrassen steige ich bis zur letzten Etage hinunter. Viele der Bäume stehen am äußersten Rand zur nächsten Terrasse. So liegen die Netze nicht überall auf dem Boden, sondern hängen oft zur Hälfte über der nächsten Etage in der Luft, über lange Stangen gelegt und befestigt und gut verzurrt mit Seilen, sonst hätte der nächste Sturm leichtes Spiel. Erstaunlich, wel-

che Konstruktionen einem da einfallen, die zudem begehbar sein müssen.
Attilio, ein Nachbar, nimmt mir diese Arbeit weitgehend ab. Er ist ein Meister im Netzelegen. Jedes freischwebende Netz wird zum Schluß in der Mitte mit einem Feldstein beschwert und windfest gemacht. Attilio hilft mir auch bei einigen Feldarbeiten, die ich als Frau nicht allein bewältigen kann.
Wenn es dann endlich soweit ist, wenn die Oliven die richtige Farbe zeigen und reif sind, kommen meist Freunde aus Deutschland angereist, um bei der Olivenernte mit dabeizusein.
Für mich beginnt nun eine Zeit emsigen Pflückens von morgens bis abends. Vom zweiten Tag an spüre ich meine Hände kaum noch, und etwa vom vierten Tag an träume ich nur noch von Oliven, von schwarzen und grünen Kugeln, die durch meine Hände gleiten. Harte Knochenarbeit verlangen wir unserem Körper dabei ab. Alle Oliven wandern durch unsere Hände, zuerst in die Netze unter den Bäumen, dann in Kassetten, die jeweils eine halbe Tomone, das sind circa zwanzig Kilogramm, aufnehmen. Diese Gewichtseinheit, hier in Campanien noch gang und gäbe, wurde bereits im Altertum verwendet. Sie variiert in den verschiedenen Landesteilen Italiens zwischen circa zwanzig Kilogramm bis zu über vierzig Kilogramm. Nach beendeter Arbeit bringen wir alle vollen Kassetten zur Ölmühle.
Für mich ist die Erntearbeit aber auch eine Zeit der Meditation, der Stille, während der ich mich meinen Gedanken überlasse oder aus diesen hinausschwebe ins Nirgendwo. Der Körper führt immer dieselben Bewegungen aus, die Seele taucht in eine andere Dimension.
Ob alle Mitstreiter ähnlich empfinden? Das glaube ich nicht. Manche reden und reden und reden, als hätten sie ein Jahr lang nur auf diese Redezeit gewartet. Andere hingegen nimmt man nicht wahr, so still und fast wesenlos bewegen sie sich.
Doch für alle ist es auf je eigene Weise ein nachhaltiges Erlebnis. Wenn als Lohn zu guter Letzt das grüngelbe Öl in die bereitge-

stellten Behälter läuft, schauen sie alle glücklich und stolz auf das Ergebnis ihrer Mühen.
Nach der Olivenernte untersuchen wir alle Netze auf Löcher und Risse und bringen sie in Ordnung. Auf einer über hundert Quadratmeter großen Terrasse breiten wir die Netze aus. Sie ist gerade groß genug, um ein halbes Netz aufzunehmen. Früher, so erzählte mir Francesco, legten die Frauen die Netze auf der Ortsstraße aus. Autos kamen nur selten vorbei, und Fußgänger konnten den Netzen nichts anhaben. Da fand man sich dann zu einem Schwätzchen zusammen und hörte die neuesten Nachrichten des Ortes.
Mißgeschicke gibt es natürlich auch, wenn man mit viel Eifer das Ende der Ernte zu beschleunigen versucht. So geschah es uns einmal. Alle Oliven waren geerntet und standen für den Lkw der Ölmühle bereit. Ein Teil der vollen Körbe wartete bereits oben an der Straße vor meinem Grundstück. Der Lkw kam, und man lud diesen Teil der Ernte auf. Rückwärts fuhr der Wagen meinen abfallenden Weg hinab zu den übrigen abgestellten Kassetten. In erheblicher Schräglage beluden wir die Ladefläche. Ruckartig fuhr der Fahrer an, und die ganze Ladung geriet in Bewegung. Eine Sicherung des hinteren Endes der Ladefläche gab es nicht. Alles schrie durcheinander, doch es half nichts. Wir standen plötzlich in einem Berg von Kästen und Oliven und mußten per Hand alle Früchte wieder einsammeln. Das ging nicht ohne Flüche und Verwünschungen ab, auf italienisch und auf deutsch.
Zum Schluß schimpfte der Lkw-Fahrer, der schon längst beim nächsten Olivenbauern hätte sein sollen, über die verlorene Zeit. Zur Erntezeit arbeitet die Mühle Tag und Nacht und braucht dauernd Nachschub.

Vor Jahren hatte eine meiner Mitstreiterinnen einen Bekannten zur Ernte hinzugebeten. Er war voller Tatendrang. Damals benutzten wir noch Säcke zum Transport der Oliven. Bei der Mühle angekommen, schwang er sich beim Abladen die vollen Säcke einen nach dem anderen über die Schulter.

Nun ist es in diesem Frantoio Sitte, daß die Padrona jeden Neuankömmling mit Kaffee begrüßt. Just in dem Moment, als die Signora sich uns mit ihrem Kaffeetablett näherte, schmiß sich dieser Mann den nächsten Sack über die Schulter und gleichzeitig die vorbereiteten vollen Kaffeetassen vom Tablett – und merkte es nicht einmal!

Alle zwei Jahre werden die Olivenbäume nach der Ernte beschnitten. Dafür ist Attilios Bruder Lucio zuständig, der diese Arbeit beherrscht.
Lucio kommt entweder auf seinem Esel und zieht das Pferd hinter sich her, oder er reitet das Pferd und führt den Esel mit sich. Zwei Hunde begleiten ihn. Verköstigt werden alle von mir, der Padrona. Für Pferd und Esel deckt die Natur reichlich den Tisch. Für die Hunde ist mit käuflichem Futter gesorgt. Für Attilio und Lucio muß ich kochen, ein gutes, ihrem Geschmack entsprechendes Mittagessen.
Mindestens zwei Tage lang sitzt Lucio in den Bäumen und befreit sie von den inneren Ästen, damit die Sonne möglichst an alle Äste und Zweige gelangt. Attilio reicht Lucio die verschiedenen Äxte und Sägen zu. Von den großen abgesägten Ästen entfernt Attilio nun die Zweige. Diese Zweige befreie ich mit einer Machete von den kleineren Ästen und Zweigen.
Alle Arbeiten werden zügig verrichtet. Olivenholz wird schnell hart und spröde und ist dann nur schwer weiterzuverarbeiten.

Il Dottore

Eben brachte ich Stella bis zum Tor. Es ist 22 Uhr. Glühwürmchen umgaben uns, tonlos, nicht nur die wenigen, wie wir sie in Mitteleuropa zu sehen bekommen, die Luft schwirrte nur so von ihnen. Ein sichtbares Sinnenfest dieser fliegenden Lämpchen, ohne An-

fang, ohne Ende. Ich wünschte mir etwas beim Zuschauen – ich möchte Bürgerin von Castellabate werden.
Abgesehen davon, daß ich Steuern dann nur in gleicher Höhe wie die Einheimischen bezahle, könnte ich mein Auto in Italien zulassen, ein Girokonto bei der Post eröffnen und vieles mehr. Dazu braucht es die Anmeldung und das Warten auf die Zivilpolizei, die mir einen Besuch abstattet, um sich zu vergewissern, daß ich auch wirklich hier anwesend bin.
Heute fuhr ich in Begleitung von Antonio nach Salerno, um das begehrte Papier des Soggiorno, die Aufenthaltsgenehmigung, zu erlangen. Eine lange Fahrt über die Autobahn und durch Teile Salernos, das sich über viele Kilometer am Meer entlang ausbreitet, brachten wir hinter uns. Endlich stehen wir vor dem Amtsgebäude. Ob wir heute noch vorgelassen werden?
Antonio parkt in zweiter Reihe auf der breiten, stark befahrenen Straße. Ich bleibe im Wagen sitzen, für alle Fälle. Parkplätze sind weit und breit nicht zu finden.
Antonio drängt sich durch die Menschenmassen, die den Eingang und jede freie Stelle vor dem Eingang bevölkern, und spricht mit einem Carabiniere, der hier die Leute in Schach hält. Es ist das Einwohnermeldeamt für den ganzen Großraum Salerno, zu dem auch Castellabate gehört. Hunderte von Asylsuchenden, darunter viele Albaner und Afrikaner, warten mit ihren gezogenen Nummern auf Einlaß. Ich beobachte, daß man immer nur einzelne das Gebäude betreten läßt.
Antonio kommt mit einer Marke zurück. F 46 hat er gezogen. Das bedeutet, Buchstabe A bis F, jeweils hundert Personen, plus 45 sind vor uns dran, insgesamt 645 Antragsteller. Da haben wir keine Chance, auch nur in die Nähe der Eingangspforte vorzurücken.
Um 13 Uhr ist sowieso erst einmal Schluß mit der Sprechstunde.
Und dafür sind wir bei großer Hitze bis nach Salerno gefahren!
Ein endlos sich hinziehender Heimweg steht uns bevor; quasi Stoßstange an Stoßstange bewegen wir uns vorwärts, bis irgendwann die Küstenstraße unserem Wagen mehr Freiraum und eine

angemessene Geschwindigkeit gewährt. Antonio verkürzt mir die Zeit mit einigen Anekdoten aus dem Dorfleben.

Fast alle Männer des Ortes kennt man zur besseren Unterscheidung unter einem zweiten Namen, da sie oftmals die gleichen Vor- und Nachnamen tragen. Meist sind sie irgendwie untereinander verwandt. Da gibt es zum Beispiel einen Francesco, den man „den Washington" nennt. Die Erklärung für den Spitznamen ist mir entfallen; sie hat etwas mit der Aussprache des Dialektes zu tun.
Costabile, mein Baumeister, Gott hab ihn selig, wurde il Dottore genannt. Damit hatte es die folgende Bewandnis.
Eines Tages, vor langer Zeit, plagte einer von Costabiles Freunden sich mit starken Zahnschmerzen. Einen Zahnarzt gab es nur in der nächstgrößeren Stadt, eine schnelle Fahrt dorthin erwies sich als unmöglich. Costabile erbarmte sich seiner und erklärte dem Freund, er könne Medizin beschaffen. Mit einem kleinen braunen Fläschchen verschwand Costabile und brachte es, gefüllt mit einer Flüssigkeit, nach kurzer Zeit zurück. Er reichte es ihm mit der Bemerkung, sein Freund solle damit gurgeln, es schmecke zwar nicht gut, helfe aber bestimmt. Also tat der Patient, und siehe da, der Schmerz verschwand.
Natürlich wollte der Patient die Rezeptur dieser Medizin erfahren. Costabile druckste und wollte nicht mit der Sprache herausrücken. Nach längerem Drängen gab er ihm die Erklärung: „Ich habe nur kurz in das Fläschchen hineingepinkelt."
Fast kam zu einer Keilerei zwischen den beiden Männern.
Diese Geschichte erzählt man sich seither im ganzen Dorf mit Schmunzeln. Seit diesem Tage heißt Costabile il Dottore, und jeder weiß, um wen es sich handelt.
Costabile – schade um ihn! Viel zu früh verstarb er und konnte seine in Deutschland erworbenen Rentenansprüche gar nicht mehr in Empfang nehmen. Er war in seiner Bautätigkeit immer zuverlässig und prüfte jeden Betonlader, bevor dieser seine Ladung ausleerte, ob der gelieferte Beton auch die verlangte Güte hatte.

Unermüdlich verausgabte Costabile seine Kräfte. Stella, seine Ehefrau, erzählte mir einmal, sie habe ihren Mann von mir bis zu sich herüber schreien hören. Einer seiner Arbeiter hatte nicht so gearbeitet, wie Costabile sich das wünschte. Zwischen unseren beiden Häusern liegt mehr als ein Kilometer Luftlinie; ein tiefes Tal trennt uns. Erst auf der nächsten Anhöhe steht Stellas Haus.
Kurz bevor er starb, besuchte ich Costabile in Eboli im Krankenhaus. Gehört man nicht zu den privilegierten Privatpatienten, sind die Bedingungen einer Krankenhausbehandlung in Süditalien nicht mit denen der exzellenten städtischen Kliniken in Deutschland zu vergleichen, und seien diese noch so alt.
Ich fand Costabile auf seinem Bett sitzend, einem von fünfen, alle belegt, alles sehr einfach. Das Notbett seiner Frau Stella lehnte an der Wand. Nachts sowieso und auch tagsüber betreuen Familienangehörige ihre Kranken. Stella schlief nachts zwischen zwei Krankenbetten auf ihrer Liege neben ihrem Mann, und das wochenlang. Das Mittagessen brachte ihm sein Sohn Antonio von zu Hause, gute vierzig Kilometer entfernt.
Das Weiße, sauber Blitzende unserer deutschen Krankenhäuser vermißte ich sehr. Es ist halt tiefer Süden.
Ich brachte Costabile einen Blumenstrauß mit. Das ist hier sehr ungewöhnlich. Costabile wußte denn auch nichts Rechtes mit dem Strauß anzufangen. Dieser war wie ein Grabstrauß gebunden, hier fast die einzige bekannte Art, Blumen zu binden und zu verschenken. Ein scheußliches Gefühl stieg in mir auf, als ich diese „Grabbeigabe“ Costabile aufs Bett legte.
Bei diesem Besuch sah ich ihn zum letzten Mal lebend. Nur noch ein Häuflein war von dem Menschen übrig geblieben, den ich mit starker Stimme Anweisungen hatte erteilen hören. Mit ihm ist ein Stück altes Castellabate verloren gegangen.

Zweite Heimat

Morgen fahren Antonio und ich wieder nach Salerno. Vielleicht, wenn es an einem Freitag überhaupt Publikumsverkehr gibt, gelange ich in den Besitz dieses begehrten Dokumentes, der Aufenthaltsgenehmigung, mit der ich bei meiner Gemeinde die Einbürgerung beantragen kann.

Mir ist dieses Land Cilento, ein Teil Campaniens, zur zweiten Heimat geworden. Mit jedem Strauch und Baum auf meinem Grund bin ich vertraut. Ich weiß, wo feuchte Stellen zu finden sind, und nutze sie als Anwuchsstationen. Für Zitronengras zum Beispiel; das hat meine Tochter mir vor gut einem Jahr von den kanarischen Inseln, aus La Gomera, mitgebracht. Ich pflanzte es ein, und nach überstandenem Winter treiben nun von unten heraus ganz neue Blätter. So werde ich mir in Zukunft meinen eigenen frischen Zitronengrastee zubereiten, eine teure Köstlichkeit, muß man sie sich kaufen.

In den achtziger Jahren des letzten Jahrhunderts brachte ich aus Kalifornien eine wunderschön blau blühende Pflanze mit, nichts weiter als den Samen; diese Zierpflanze hat sich hier geradezu enthusiastisch entwickelt und verbreitet.

Aber nicht nur die Natur, auch die Menschen strahlen Wärme und Freude am Leben und an guter Nachbarschaft aus. Sie sind hilfsbereit, aber nie aufdringlich. Wenn ich durch den Ort gehe oder fahre, grüßen mich viele. Autofahrer heben dazu die Hand vom Lenkrad; so ist es hier Sitte, wenn sich zwei Menschen per Auto begegnen. Mir vermittelt das jedes Mal ein kurzes gutes Gefühl, das ich bis hinein in meine Lachmuskeln spüre.

Ein Tag in Castellabate

Um fünf Uhr dreißig stehe ich auf. Ohne Wecker bin ich aufgewacht. Morgenfrische, sanfte Luft weht zum Fenster herein. Ein schöner Tag kündigt sich an.

Vom Fenster aus sehe ich in einiger Entfernung das Meer. Silbrig, graublau, fahl breitet es sich dort unten vor meinen Augen aus, bewegungslos bis zum Horizont.

Ich begrüße die Natur um mich herum. Sanft hügelig fällt das Terrain ab bis ans Wasser. Eingebettet in vielerlei Grün und das Gelb des nun schon blühenden Ginsters – es ist Mitte Mai –, blinzeln einzelne rote Dächer und weiße und graue Wände von Häusern und Gehöften durch Bäume und hinter kleinen Hügeln hervor.

Noch ist alles um mich herum schlaftrunken und still. Auch die Vögel singen noch nicht ihre immer gleichen Lieder. Doch vereinzelt zwitschert es schon irgendwo.

Die Eidechsen schlummern unter den Steinen und warten auf die wärmende Sonne, die ihren Körpern Leben und Beweglichkeit spenden wird. Auch meine Bewegungen zeugen von morgendlicher Bedächtigkeit.

Ein Pferd vom Nachbarn Nicola wiehert. Es ruft nach den anderen neun, die sich frei auf Nicolas Land bewegen können. Ursprünglich hatte er nur drei Pferde, doch die vermehrten sich im Laufe der Jahre auf zehn.

Ein Hahn weckt sein Hühnervolk. Er kräht in regelmäßigen Abständen.

Ich spute mich. Um sechs Uhr will Franco mit dem Mähen der Hänge beginnen. Bis zum Mittag geben sich die Sonnenstrahlen noch freundlich, dann aber brennen sie einem fast Löcher in die Haut.

Franco, ein alter, rüstiger Mann von 73 Jahren, meint, aufs Altenteil könne er sich noch nicht zurückziehen. Da würde er schnell alt werden. Er hält gern ein Schwätzchen, bevor er mit der Arbeit beginnt. Auf seinem motorisierten „Esel“ kommt er angefahren. Es ist ein Ape 300 special, eigentlich eine in Metall gekleidete Vespa, einsitzig, auf drei Rädern, mit laut knatterndem Zweitaktmotor. Diesem Gefährt begegnet man hier überall. Für die Arbeiten der Leute auf dem Lande ist es ideal und ersetzt zunehmend den Esel. Es nimmt wenig Platz ein, hat Ladefläche für alle landwirtschaftlichen Kleingeräte und braucht kaum Sprit.

Auf seiner Ladefläche hält Franco alles Werkzeug für eventuelle Reparaturen bereit. Ich begrüße ihn, und wir unterhalten uns ein wenig. Vorherrschende Themen sind heute der Euro, die Lira und die Krankheit seiner Frau Teresa.

Mit seinem Handmotormäher fängt Franco an, den nächsten Hang zu bearbeiten, immer nur die Schrägstellen. Die geraden Flächen gräbt Alessandro, ein benachbarter Bauer, mit seinem Traktor um.

Als nächster kommt Merindo in seinem roten Wagen angefahren, mit ihm ein Helfer. Sie wollen meinen Stromzähler vom Haus nach draußen in die Mauer an der Straße verlegen. Dazu sind vielerlei Schlag- und Bohrarbeiten nötig.

Zwei weitere Männer kommen mit einem Lkw angefahren, auf dem sie einen kleinen Bagger von nur einem Meter Breite transportieren. Hurtig gleitet dieses Raupenfahrzeug von der Ladefläche des Lkw hinab. Mit viel Kraft und Krach und Staub aufwirbelnd, gräbt es mühsam einen Kanal in die steinharte Erde, der vom Lichtmast bis zur Straße führen soll. Dazwischen muß eine fünfzig Zentimeter dicke Betonmauer durchstoßen werden. Mit einem speziellen Schlagbohrer macht dieser Bagger auch das. Abwechselnd von beiden Seiten schlägt er gegen den Beton, rutscht ab, startet von neuem. Mit lautstarker mündlicher Hilfe aller Umstehenden gelingt schließlich der Durchbruch.

Inzwischen zieht Merindo diverse Kabel vom Haus den Hang hinauf bis zum neu zu installierenden Stromzähler. Die unterirdischen Kanäle hierfür wurden schon vor zehn Jahren beim Bau des Weges verlegt. Auch die Rohre für die Stromversorgung setzt er in den frisch gegrabenen Kanal.

Um die Mittagszeit sind wie auf Kommando alle Personen verschwunden. In einer guten Stunde werden sie wieder erscheinen.

Armando kommt mit einem Helfer. Er ist der Fachmann fürs Mauern. Sein Helfer mischt den inzwischen angelieferten Sand mit Zement und Wasser, und schon können die im Kanal verlegten Rohre in Zementmasse gebettet und damit bedeckt werden.
Auch Merindo und sein Helfer sind wieder aufgetaucht. Jeweils eine Fachkraft arbeitet zusammen mit einem Helfer.
Alle möglichen Personen erscheinen plötzlich. Ich komme mir inmitten dieser vielen verschiedenen Gestalten wie auf einem orientalischen Jahrmarkt vor. Man raucht und lacht und erzählt.
Auf einem Tablett bringe ich den frischgebrühten Espresso. Jeder der Anwesenden bekommt seinen Café serviert. Ein schönes Bild des Friedens und der Gemeinschaft, wie sie da alle im Kreis zusammenstehen und andächtig ihren Espresso schlürfen, ihn genießen. Dann gibt's noch ein Zigarettchen, und plötzlich sind sie alle wieder bei ihrer Arbeit und die beiläufig aufgetauchten Personen verschwunden.
Mit nicht zu überhörendem Geächze und Gequietsche und Gepuffe biegt auf einmal ein großer gelber Schaufelbagger um die Ecke und steuert direkt auf meinen Weg zu. Er soll mir einen großen Hang wieder sistemare – einebnen. Zuvor hatte man von einer anderen Großbaustelle die ausgebaggerte gute Erde auf meinem Hang an der Straße abgeladen. Ich bin froh über diese Erde, die dem steil abfallenden Hang etwas von seiner Schroffheit nehmen wird. Die Erde stammt vom Friedhof, den man erweiterte. So habe ich nun heilige Erde auf meinem Grund.
Leider sind einige neu gepflanzte und auch angewachsene Pinienbäumchen bei diesem Unterfangen in der Erde erstickt und verschüttet worden. Nun passe ich ganz besonders gut auf, daß die restlichen, verschont gebliebenen nicht auch noch Schaden nehmen. In diesem Klima ist es nicht leicht, Schößlinge über den Sommer zu bringen.
Drei Wochen schon warte ich auf die Ausführung all dieser Arbeiten. Heute plötzlich kommen alle auf einmal.

Merindo setzt mir nun zu allem Überfluss eine Satellitenschüssel aufs Dach. Damit kann ich endlich deutsche Nachrichtensendungen empfangen.
Jeder hat Fragen, ich bin dauernd in Bewegung, renne von einer Arbeitsstelle zur nächsten und vergesse dabei vollkommen die Sonne. Abends werde ich unsanft an meine Nachlässigkeit erinnert werden.
Von oben hat der Schaufelbagger seine Arbeit gut gemacht. Nun gilt es, eine Einstiegsmöglichkeit in den Hang zu finden, um von der Mitte aus nach oben und unten die Erde zu verteilen und festzudrücken.
Mit dem Baggerführer laufe ich das ganze große Terrain ab. An keiner Stelle meines Grundstücks ist ein Durchkommen möglich. Die Maschine ist einfach zu groß und hat überdies den Nachteil, auf Reifen zu fahren, anstatt mit einem Raupenbandfahrwerk ausgestattet zu sein. Schließlich entscheiden wir uns für meine betonierte Privatstraße als Zufahrtsweg. Ein Teil der seitlichen Befestigung wird von der Baggerschaufel abgebrochen, und vorsichtig ertastet sich der Koloß seinen Weg vorwärts zum Hang. Schon nach kurzer Zeit kommt er an den Olivenbäumen nicht mehr vorbei, ohne sie zu beschädigen. Es ist gar nicht so leicht, in einem Meer von frischer Erde ein stark abfallendes Gelände zu ordnen und ihm die Schroffheit zu nehmen. Wir geben auf.
Jeder der Umstehenden schreit dem armen Mann auf dem Ungetüm etwas anderes zu. Er solle dies tun und jenes lassen. Franco führt einen Tanz auf wie Rumpelstilzchen. Er kann es nicht fassen, daß etwas nicht nach seinem Kopf und Plan verläuft.
Für die nächste Woche will ich ein kleineres Kettenfahrzeug bestellen, dem dann vielleicht gelingt, was das zu unbewegliche, bereifte Fahrzeug nicht vermag. Mit vereinten Kräften vieler Helfer und Schaulustiger, mit viel Mühe und durch Unterlegen großer Steinplatten unter die Riesenräder gelingt es diesem Ungetüm nach einigen Anläufen, meinen betonierten Weg wieder zu erklimmen.

Inzwischen sind die beiden Männer mit dem kleinen Raupenfahrzeug wieder eingetroffen und schütten das Stromkabel mit Erde zu. Sie planieren mir die gesamte Fläche, die zugleich Parkplatz für die Fahrzeuge meiner Besucher ist.
Am Abend ist alle Emsigkeit des Tages schon Vergangenheit. Erschöpft setze ich mich auf meine Terrasse, schaue aufs Meer und die Landschaft und genieße das Nichtstun.
Von anderer Seite dringt jetzt emsiges Treiben an mein Ohr. Nicola führt seine fast wilden Pferde auf einen anderen Hang. So erspart er sich das Mähen dieser Flächen.
Einige Bauern bringen ihre motorisierten Handmähmaschinen in Schwung. Ein Traktor gräbt sich quietschend durch die mannshoch gewachsenen Unkräuter und Gräser, um diese in die Erde einzuarbeiten. Pietro sammelt dort, wo noch kein Messer das Gras bearbeitet hat, frischen Klee für seine Kaninchen. Ziegen meckern irgendwo und wollen gemolken werden. Schafe blöken und geben damit zu erkennen, wo sie sich gerade aufhalten. Ganz in der Ferne ruft der Kuckuck schon den ganzen Tag über seinen Namen, doch heute ging dieser Ruf unter im Lärm der Maschinen.
Eine Herde weißer Kühe, mit ihren eingefallenen Flanken entfernt an die indische Rasse erinnernd, grast in der Ferne an einem Hang. Jedes dieser Tiere trägt eine Glocke um den Hals. So sind sie für den Besitzer immer zu hören und auffindbar. Bei diesem Geläute fühle ich mich an die bayerischen Voralpen erinnert.
Wind kommt auf. Er treibt die Schmetterlinge nach seinem Willen durch die Luft. Ungemütlich kühl wird es mir hier auf der Terrasse, und es beginnt bereits zu dunkeln. Der rote Sonnenball berührt fast schon die Meeresoberfläche und wird gleich neben Capri, etwas links davon, ins Meer eintauchen.
Im Spiegel schaut mir ein ganz und gar rotes Gesicht entgegen. Wie eine Rothaut komme ich mir vor, und ich spüre sie auch, diese verbrannte Haut.
So beschließe ich diesen Tag mit einem Glas Wein und einem Stück Weißbrot und liege früh im Bett. Ich lege mein Buch mit der

eben gelesenen Seite neben mich und habe den Inhalt des Gelesenen bereits vergessen.
Sanft gleite ich hinüber in eine andere Ebene.

ENEL

ENEL ist die Abkürzung für die italienischen Elektrizitätswerke. Und zu diesem Unternehmen fuhr ich heute wieder einmal in die nächstgrößere Stadt, nach Agropoli. Meinen Stromzähler will ich vom Hause weg in die Steinmauer oben an meinem Weg verlegen lassen. Die praktischen Arbeiten hierfür sind bereits getan. Es fehlt nur noch die Stromumschaltung selbst.
Hier im Süden Italiens wird die Verkabelung mit Elektrizität bis jetzt noch oberirdisch mit Leitungen und Strommasten bewerkstelligt. Allerorten sieht man einen Wald von Masten, Pfeilern und Leitungen.
Unmittelbar neben meinem Haus steht so ein Ungetüm. Wer weiß, vielleicht gut so, daß es da steht, denn die vielen Blitze, die während eines Gewitters in meiner näheren Umgebung einschlagen, suchen sich meistens diesen Lichtmast aus und nicht mein Haus, das sehr exponiert hoch oben am Hügel steht. Schön anzuschauen ist er nicht, dieser Mast. Nach drei Richtungen zweigen Kabel ab, eines davon direkt zu meinem Flachdach und von dort in den darunter befindlichen Zähler.
Dieses Kabel hindert mich daran, ein Dach auf mein Haus zu setzen. Außerdem muß mein Haus jederzeit für den Stromableser zugänglich sein, auch wenn ich selbst nicht anwesend bin. So entschloß ich mich zu der teuren Verlegung.
Glück hatte ich bei ENEL, keine Wartenden vor mir. Nach einigem Durchfragen konnte ich ungehindert den Schreibtisch einer Mitarbeiterin des Hauses ansteuern. Vor lauter Aktenbergen war diese Dame kaum zu sehen. Da verstand ich die resignativen Bemerkungen meiner lieben Nachbarn, daß mein Unterfangen sicher

einige Monate in Anspruch nehmen werde. Doch jetzt wollte ich es wissen.
Als die Dame von ihrem Computer aufsah und mich wahrnahm, entspann sich sogleich ein gutes Gespräch, an dessen Ende sie mir ein Papier in die Hand drückte, dazu einen Begleitzettel mit Beschreibung, wie mit dem Außendienst-Mitarbeiter in Kontakt zu treten sei. Mit dem Versprechen, dieser Mitarbeiter werde mich innerhalb der nächsten drei Tage aufsuchen, um alles aufzunehmen und mit mir zu besprechen, entließ man mich.
Gut, eine Telefonnummer hatte ich nun.
Zwei Tage ließ ich verstreichen, dann wählte ich kühn diese Nummer, und siehe da, der Mann war bereits auf dem Wege zu mir und nur noch circa hundert Meter entfernt. Manchmal ist ein Handy doch sehr hilfreich. Welch ein Glück für mich, anwesend zu sein. Und schon bog er in seinem weißen ENEL-Wagen um die Ecke.
Ich erklärte ihm meine Wünsche, und nach nicht einmal zehn Minuten fuhr er wieder weg, mit dem Versprechen, sobald ich den von ihm kalkulierten Preis bei ENEL bezahlt habe, werde er die Arbeiten binnen drei Tagen ausführen lassen.
Kaum zu glauben! Sollte ich also nicht, wie Freunde mir versichert hatten, viele Monate warten müssen?
Heute, eine Woche später, begab ich mich wiederum zu ENEL. Und wiederum kam ich sofort dran.
Die gleiche Dame entsann sich meiner sogleich. Wahrscheinlich beantragen Ausländer selten elektrische Anschlüsse, und an etwas Nichtalltägliches erinnert man sich vielleicht eher. Wirklich fand sie nach vielem Suchen in den diversen Papierstapeln meinen Auftrag, stellte aber fest, daß nichts berechnet war. Nach mehreren Telefonaten und längerem Warten durfte ich mich ein Stockwerk höher zu einem Ingeniere begeben.
Dieser sehr freundliche Herr suchte ebenfalls auf seinem übervollen Schreibtisch herum und fand meinen Vorgang. Kurze Zeit später bereits hatte ich entsprechende Notizen in Händen und begab mich wieder hinunter zur schon bekannten Dame.

Sie bereitete mir eine Postüberweisung vor, zeigte mir noch den Weg zum nächsten Postamt, und ich ging meine sechshunderttausend Lire bezahlen.

Als ich zurückkam, war mein Vorgang wie vom Erdboden verschluckt.

Während die Sachbearbeiterin heftig alle um sie herum gestapelten Papierberge durchsuchte und von einem Platz auf den anderen legte, hatte ich Zeit und Gelegenheit, mich etwas genauer in diesem Büro umzuschauen. Einer der hierzulande üblichen sehr hohen Räume umgab mich. Auf das Wohlbefinden der Mitarbeiter legt man hier wenig Wert. Ziemlich ungepflegt wirkten Wände und Boden. Die Schreibtische, uralt, erfüllten immerhin noch ihren Zweck. Einzig die vielen Computer machten einen neueren Eindruck. Alle Schreibtische waren gleich voll beladen wie der, vor dem ich saß. Manche der Menschen hinter diesen Papierbergen konnte ich gar nicht erkennen, ich sah nur die davor wartenden Personen mit ähnlichen Anliegen, wie ich eines hatte.

Ein kleiner Mann kam zu unserem Tisch und suchte in den Stapeln auf eigene Faust irgendwelche Vorgänge. Die aufgenommenen Packen legte er wieder auf andere. Wie sollte sich da ein Mensch zurechtfinden? In seinem gutgeschnittenen dunkelbraunen Anzug mit Schlips und den ondulierten, in Wellen gelegten Haaren paßte er gar nicht zu dem Outfit der hier arbeitenden Personen. Seine Hände waren beringt, und seine kleinen Finger zierte jeweils ein häßlicher, über einen Zentimeter vorstehender gelber Nagel. Die anderen Fingernägel waren von normaler Länge bzw. Kürze. Zwischen zweien steckte eine Zigarette, die vor sich hin rauchte, ohne an den Mund geführt zu werden. Sie entledigte sich von Zeit zu Zeit ihrer grauweißen Asche. Niemand nahm davon Notiz.

Wahrscheinlich ein Capo, ein Chef.

Das Telefon klingelte fast ununterbrochen. Die Signora legte einen Stapel Papier beiseite und nahm den nächsten vor, wahllos, wie mir schien. Ein weiterer Mitarbeiter tauchte auf und fragte nach irgendeinem Dokument. Die Signora ließ sich nicht aus der Ruhe

bringen. Gelassen tat sie ihre Arbeit. Beide erklärten mir zwischendurch beflissen, daß in Italien jeder für fünf arbeiten müsse. Das sei in Germania sicher anders. Ich versicherte, auch bei uns gehe es hektisch zu.
Mein Vorgang blieb verschwunden.
Doch der Computer konnte es richten. Ich erhielt eine Bescheinigung über den bezahlten Betrag und durfte mich entfernen. Ende der Woche spätestens hätte ich meinen Anschluß.
Ob doch etwas Wahres daran war an der langen Wartezeit? Auf dem Heimweg machte ich mir meine Gedanken. Nach all dem, was ich mitbekommen hatte, konnte solch ein Vorgang sicher für Wochen untertauchen.

Ich dachte mir nichts beim nächsten morgendlichen Gang zum Meer. Das Wasser erfrischte.
Lange hielt ich mich nicht auf. Ich begrüßte Raffaele, den Pizzabäcker vom Arlechino, der seinen täglichen Strandspaziergang absolvierte und mir freudig entgegenkam. Seit vierzig Jahren schon läuft er in der Ferienzeit, zur Zeit der geöffneten Pizzeria, immer den gleichen Weg und hält auf diese Weise seinen schlanken Körper fit.
Beim Einbiegen in meine kleine Straße sah ich zwei weiße ENEL-Montagewagen vor meinem Haus stehen. Eine Stunde später war der Anschluß perfekt und schon fast vergessen.
Welch eine Freude bei mir und bei den Monteuren, denen es sicher nicht alle Tage passiert, daß ein Kunde sich so sehr über ihr Erscheinen freut, wie ich es tat.

Behördengänge

Jeden Morgen, seit etwa einer Woche, führen Ameisen mir ein Schauspiel vor. Zu Hunderten kommen die geflügelten Tiere aus ihren unterirdischen Nestern an die Oberfläche, alle zur gleichen

Zeit. Sie ruhen eine Weile und erheben sich dann zum Flug in ihr eigenes Leben. Wie weit sie getragen werden, hängt vom Wind ab. Irgendwo landen sie wieder auf der Erde, und die zarten, durchsichtigen Flügel, zwei an jeder Seite, fallen ihnen ab. Die Ameise hat ihr Ziel erreicht und beginnt ihr Erdenleben als selbständiges Insekt, jedoch im Verbund mit den nachfolgenden Generationen ihrer Art.

Heute sind wir wieder nach Salerno gefahren. Vorsichtshalber nahm ich den Kaufvertrag für mein Anwesen mit.
Um sieben Uhr dreißig fuhren Antonio und ich los, um circa neun Uhr kamen wir mit dem Strom der Autos, Stoßstange an Stoßstange, vor dem Amt an, das mir die Aufenthaltsgenehmigung erteilen soll.
Wieder das gleiche Bild: eine lange Schlange von Menschen verschiedenster Nationalitäten. An den Wartenden vorbei schlugen wir sogleich den Weg zu den Carabinieri ein.
Ich möge mich an das Ende der Schlange verfügen, wurde mir mit steinerner Miene bedeutet. Ich tat, wie mir befohlen. Antonio verabschiedete sich und besuchte unterdessen einen Bekannten.
Viele Menschen und Gerüche umgaben mich: Menschen aller Hautfarben, die auf die ersehnte Verlängerung ihrer Aufenthaltsgenehmigung hofften, und andere, die zum ersten Mal um ein solches Dokument baten.
Nach Stunden kam ich an die Reihe.
Der Polizist wurde sichtlich freundlicher, als er Details meiner Anwesenheit erfuhr, bin ich doch inzwischen fast ein Vierteljahrhundert in Castellabate ansässig. Man ließ mich in den nächsten Warteraum eintreten.
Hier gab es sogar Bänke, alle vollbesetzt. Ein Carabiniere zog mir eine Marke. Welch großzügige Geste nach dem sehr kühlen Empfang! Die Marke trug die nächste Nummer, die aufgerufen werden würde, so zeigte mir der Bildschirm an. Nun kam ich sofort an die Reihe und traf auf zwei freundliche Beamte, die mich bevorzugt

behandelten. Kopien meiner Dokumente und vier Paßfotos fehlten noch zu meinem Glück.
Die Beschaffung dieser Papiere ging zügig vonstatten. Ich fand sofort ein auf solche Bedürfnisse spezialisiertes Geschäft. Bewaffnet mit allen Kopien und den Fotos, hatte ich bald meine gewünschte Aufenthaltsgenehmigung in Händen.
Einen Freudenhüpfer tat ich!
Auf Antonio mußte ich eineinhalb Stunden warten. Er konnte nicht zu mir vordringen. Denn in der Zwischenzeit hatte sich eine wild schreiende Menschenmenge der großen Durchgangsstraße bemächtigt, auf der ich Antonio mit Wagen erwartete. Man machte sciopperо, streikte wegen zweihundert verlorener Arbeitsplätze, wie ich in Erfahrung bringen konnte. Der gesamte dreispurige Einbahnverkehr mußte umgeleitet werden. Viele Polizisten, Polizeiwagen, Krankenwagen standen für ein eventuelles Eingreifen bereit. Ich sah und hörte einige Männer kräftig ihre Forderungen herausschreien und sich auch körperlich wehren, wenn man versuchte, sie von der Straße zu holen. Es hörte sich an und sah so aus, als spränge man sich im nächsten Moment gegenseitig an die Gurgel.
Fast zwei Stunden lang ließ man die wütenden Männer ihre Forderungen rufen, dann schritten die Polizisten energisch ein, bildeten eine Kette und drängten die aufgebrachte Menge an den Straßenrand. Langsam kam der Verkehr wieder in Bewegung, und auch Antonio schob sich Meter für Meter zu mir vor. Bequem konnte ich in den fahrenden Wagen einsteigen.
Wieder begann ein langer, weil langsamer Rückweg, am Meer entlang, durch Paestum und Agropoli, dann Richtung Castellabate.
Ich bin überglücklich, bald schon Bürgerin von Castellabate sein zu dürfen.

Heute früh, am 8. Juni 2000, acht Uhr morgens, versuchte ich wieder einmal mein Glück, zusammen mit Antonio die für mich so wichtige Anmeldung als Bürgerin von Castellabate zu erlangen.

Zwanzig Tage sind seit meinem ersten Besuch bei der Kommune vergangen, der ich meine Aufenthaltsgenehmigung aus Salerno gebracht hatte. Anschließend muß ein Polizist meinen Wohnsitz bestätigen, durch Inaugenscheinnahme desselben. Diese Bestätigung fehlt mir bislang.
In einer Bar nahmen wir einen Café im Stehen ein. Antonio aß sein obligatorisches Frühstücksgebäck. Dann machten wir uns auf die Suche nach dem Antonio bekannten Polizisten, um zu fragen, wann ich mit seinem Besuch rechnen konnte.
Auf dem Platz vor dem Rathaus stand eine Gruppe von Männern beisammen. Der Imposanteste in ihrer Mitte, mit dunkler Sonnenbrille, gestikulierte mit ausladenden Bewegungen. Es war der Ingeniere. Er ist einer der meistgefragten und -beanspruchten Männer der Gemeinde. Seit vielen Jahren hält er auf diese Weise Hof inmitten all der Fürbitter und Gehör Suchenden. Es sind ausschließlich Männer, in deren Kreis er steht.
Mich verwundert es manchmal, daß man mir, einer Frau, hier viel Respekt erweist. Doch hängt das wohl mit meinem Verhalten den Männern gegenüber zusammen. Jeder Mann hält den Abstand ein, den ich ihm als Frau vorgebe. Das macht den Umgang mit den Menschen hier für mich so leicht und angenehm – leicht, weil ich mich auch inmitten des starken Geschlechts sicher fühle, und angenehm, weil keine der Ehefrauen eifersüchtig sein muß und mir daher Vertrauen entgegenbringen kann.
Die Gruppe grüßend, suchen wir nacheinander all die Örtlichkeiten auf, wo dieser Polizist nach Antonios Dafürhalten zu finden sein könnte. Wir finden ihn nicht. „Er hat heute vormittag seinen freien Tag“, heißt es irgendwann. Unverrichteter Dinge gehe ich zurück zu meinem inzwischen glutheißen Wagen und fahre kurz entschlossen an den Strand.

Generationen

Eine bestimmte Stelle der langgezogenen Bucht bevorzuge ich für mein fast tägliches Bad. Um dorthin zu gelangen, passiere ich regelmäßig zwei Liegestühle, zwischen denen ein Sonnenschirm im Sand steckt. Zwei betagte Herren gehören zu dieser Idylle. Sehr freundlich werde ich mit immer den gleichen Worten begrüßt: „Nehmen Sie Platz, Signora."

Zu einem Schwätzchen laden sie ein. Manchmal unterhalten wir uns ein wenig, doch sind beide Herren so mit Vor-sich-hin-Dösen beschäftigt, daß uns bald der Gesprächsstoff ausgeht. Das Ritual aber bleibt immer das gleiche.

Frische Wellen empfangen mich und kühlen meinen überhitzten Körper auf angenehme Weise ab. Auch meinen aufgestauten Ärger über das Nichtgelingen unseres Unterfangens tragen sie mit sich fort. Die Sonne strahlt auf das Wasser und erzeugt mit ihrem warmen Licht wundervolle Reflexe. Die wellige Oberfläche gleicht einem Moiré-Gewebe mit dauernd sich bewegenden und verändernden goldenen Mustern in dem sonst klaren, durchsichtigen Gewebe aus Wasser. Der Meeresboden spiegelt dieses zarte Goldgewebe wider, bildet seinerseits schöne symmetrische Wellen aus Sand, die, kommt man mit den Füßen näher, sich vor dem Fuß zu goldgelb-braunen Wölkchen ausbreiten.

Zufrieden fahre ich die vielen Serpentinen hoch in mein Reich.

Seit vielen Jahren lebe ich allein. Meine Berufszeit ist bereits Vergangenheit. Ich begann, mein Leben umzugestalten, neue Ziele anzustreben.

Meine Kinder, nun mit eigenem Nachwuchs gesegnet, wurden mir allmählich zu Freunden, obwohl ich meine mütterlichen Gefühle ihnen gegenüber sicherlich nie ganz ablegen kann und will. Aber die Kinder nehmen heute einen anderen Stellenwert in meinem Leben ein als noch vor wenigen Jahren. Auch bin ich nun befreit

von der latent immerfort ausgeübten Fürsorge für einen Partner, die eine Ehefrau ja ein Leben lang praktiziert.
Bewußt konzentriere ich mich mehr auf mich selbst und den Umgang mit meiner Umgebung. Vieles nehme ich wahr, was ich früher nicht beachtete. Was von außen auf mich zukommt, beschäftigt mich heute intensiver als zu Zeiten meiner Berufstätigkeit, als sich meine Energien fast zur Gänze auf zwei Themen, den Beruf und die Familie, konzentrierten. Zunehmend werden Kräfte frei, die ich mit neuen Ideen, mit anderen Themen belebe, und es gelingt mir auch, was mich manchmal verwundert und überrascht.
Ich stelle Vergleiche an zwischen „unserem Leben in Mitteleuropa" und dem hier im Süden. Nicht immer kommt der Süden dabei besser weg als der Norden, vor allem wenn ich an die hiesigen jungen Menschen denke.

Antonios Nichte Antonietta, gerade achtzehn Jahre alt, hat sich verlobt. Marias Tochter Grazia, achtzehn Jahre alt, hat sich ebenfalls verlobt. Die zweite Tochter, Lia, sie zählt siebzehn Lenze, ist so gut wie verlobt. So machen es heutzutage die meisten Mädchen hier im Süden auf dem Lande.
Warum? Für sie beginnt gerade erst das Leben. Und schon sind sie eine feste Bindung eingegangen. Denn hier bedeutet fidanzata schon das Eheversprechen.
Schade um all diese jungen Frauen, die sich ihrer eben erst beginnenden Selbständigkeit bereits in so jungen Jahren berauben. Aber ich verstehe gut, warum sie dies tun. Um das zu erklären, muß ich etwas weiter ausholen.
Kinder haben in Italien nahezu alle Freiheiten, die sie mögen, die sie brauchen. Sie werden verhätschelt, und ihnen ist fast alles erlaubt. Buben sind schon als kleine Steppkes Prinzen.
Wenn diese Kinder in die Pubertät kommen, beginnt für die Mädchen das Dilemma. Sobald sie geschlechtsreif sind, unterstehen sie der besonderen Kontrolle durch die erwachsenen Familienangehörigen, auch heute noch. Vor zwanzig Jahren war diese Überwa-

chung sehr kraß. Heute genießen auch die Mädchen im Süden einige Freiheiten.
Trotz alledem erwarten die jungen Männer auch heute noch, hier in Campanien zumindest, als Braut ein unberührtes Mädel heimzuführen. Wenn sie sich verloben und es zur Hochzeit kommt, ist es „gutgegangen“ für die junge Frau. Die Eltern können aufatmen. Aber wehe, wenn dieses Verlöbnis keinen Bestand hatte. Dann blieb dem sitzengelassenen weiblichen Teil dieses Bündnisses nichts anderes übrig, als in den Norden Italiens zu gehen und dort Arbeit zu finden sowie auch einen Ehemann.
In Norditalien ist die Zeit nicht so lange stehen geblieben wie hier im Süden. In der Umgebung von Torino etwa haben sich etliche Familien niedergelassen, von denen zumindest ein Familienteil aus Castellabate stammt. Hier fanden viele Frauen Zuflucht. Auch heutzutage zieht es junge Menschen aus unserem Ort in den Norden. Dort gibt es Arbeit, somit ein Auskommen und eine sichere Existenz, was ihnen der Süden nicht bieten kann. Doch langsam lockern sich auch hier die Sitten, zumindest bei den jungen Menschen.
Anders bei den Eltern und insbesondere bei den Müttern. An ihre Brautzeit denkend, die oftmals viele Jahre dauerte, wollen sie in gleichem Maße über ihre Töchter verfügen, wie einstmals über sie selbst geherrscht wurde.
Die Mädchen aber wollen heute mehr Freiheit genießen, möchten in die Disco, wollen sich vergnügen. Dies wiederum können sie nur, wenn sie in festen Händen, also verlobt sind. Mit ihrem Verlobten dürfen sie ausgehen.
So schließt sich der Kreis, und den Mädchen hier auf dem Lande bleibt, wollen sie der strengen Aufsicht ihrer Eltern, speziell ihrer Mütter, entfliehen, nichts anderes übrig, als eben diesen Schritt zu tun. Sie verloben sich.
Eine andere, sicher gut gemeinte Weise der Fürsorge, nicht immer zum Vorteil des Kindes, besteht darin, es den Kindern leichter zu machen, ihnen mehr zu bieten, als die Eltern in ihrem Leben bekamen.

Die schulische und berufliche Ausbildung hier auf dem Lande war früher sehr dürftig, wenn es denn überhaupt eine gab. Sehr viele ältere Menschen haben allenfalls zwei bis drei Schuljahre absolviert. Einen Fall von vielen möchte ich schildern.
Alfredo, heute ein gestandener Mann, Großvater, der sich im letzten Drittel seines Lebens befindet, hat nur zwei Volksschuljahre hinter sich gebracht. Er war das jüngste von neun Kindern einer Wanderarbeiterfamilie. Diese Familie verdingte sich bei Landwirten. Alle Mitglieder mußten mitarbeiten, auch die Kinder. Der Familie wurde eine Hütte zur Verfügung gestellt, ohne Licht und fließendes Wasser. Manchmal bekamen sie Lebensmittel gestellt. War die Arbeit bei einem Landwirt getan, zog man zum nächsten.
Alfredo ging sehr früh morgens zur Schule. Manchmal brachte er barfuß zwei Stunden Fußmarsch hinter sich, um zur nächsten Schule zu gelangen. Müde kam er zurück und mußte nun wie alle übrigen Familienmitglieder auf dem Feld arbeiten. Abends, beim Schein einer Kerze, sollte er die Schulaufgaben lösen. Erschöpft, wie er war, lernte er nicht viel. In der Schule tadelte ihn der Lehrer wegen der geringen Leistungen. Irgendwann gab er es ganz auf, dieser beschwerlichen Art des Zugewinns an Wissen nachzugehen.
Alfredo hat auf seine Weise trotzdem sein Leben gemeistert. Seine Kinder schickte er auf die Mittelschule. Einige Kinder solcher Eltern gehen sogar auf die Universität in Salerno. Im Anschluss daran sind die meisten arbeitslos.
Solche jungen Menschen, denen jede erdenkliche Möglichkeit geboten wird, ein leichteres Leben zu führen als ihre Eltern, haben andere Ansprüche. Und diese von den Eltern gezüchteten Ansprüche, zusammen mit der Sorge der Mütter um die Jungfräulichkeit ihrer Töchter, bringen sie in eine prekäre Lage.
Hinzu kommen die vielen Ablenkungen durch Fernsehen und andere Medien. Drogenprobleme sind auch hier im Süden an der Tagesordnung. Und die Kinder wollen nicht so hart arbeiten, wie sie es bei den Eltern sehen. Was für die Eltern im Bereich der Möglichkeiten liegt, wird ihnen geboten.

Die Älteren und Alten gehen im Herbst zum Olivensammeln, eine harte Arbeit, von der Jugend verpönt – eben Landarbeit. Lieber als Oliven zu sammeln verdingen sie sich als Hilfsarbeiter auf dem Bau oder in den Sommerferien als Putzfrau. Es ist schon eine verkehrte Welt, wenn die Arbeit des Bauern, einst Grundlage unserer Volkswirtschaft und auch heutzutage lebensnotwendig, so gering geachtet wird.

Sind die jungen Frauen erst einmal verheiratet, werden sie sehr rasch mit der Wirklichkeit konfrontiert. Nun müssen sie all das leisten, was sie von ihren Müttern gar nicht mehr gelernt haben.

Am Tage der Hochzeit stattet man sie wie Diven aus. Bei solchen Festen habe ich fast immer Bräute bewundert, die aussahen wie Sofia Loren oder Gina Lollobrigida. Es wird an nichts gespart. Über einem sündhaft teuren Kleid schwebt, gestylt von Könnern, von Frisör und Visagist, ein Kopf, der nur noch entfernt etwas mit dem Aussehen der Trägerin zu tun hat, wie ich sie bisher kannte.

Meist nimmt der ganze Ort an solch einem Ereignis teil. Sechshundert Hochzeitsgäste sind keine Seltenheit. Man verschuldet sich auf Jahre hinaus. Wenn man Glück hat, bekommt man in Briefchen einiges Geld als Hochzeitsgabe zugesteckt.

Und nun beginnt der gleiche Kreislauf wie eh und je.

Aber Hoffnung bleibt. Junge Paare leben heute anders als noch vor einem Vierteljahrhundert. Die Frauen sind selbstbewußter geworden und erwarten von ihren Männern mehr Aufmerksamkeit, mehr Zuwendung, mehr Verantwortung für die Familie, für die Kinder. Das läßt mich hoffen.

Hoffen? Worauf?

Daß die jungen Frauen hier im Süden Italiens irgendwann nicht mehr an ihrer Jungfräulichkeit gemessen werden, wenn sie heiraten, sondern an der Entwicklung, die sie haben nehmen dürfen, an Schulbildung und Berufsausbildung, die ihnen die Möglichkeit geben, sich selbständig für ihr Leben zu wappnen und zu entscheiden, statt mit dem Tag der Eheschließung alle Ansätze dieser Art ablegen und sich auf das Haus beschränken zu müssen, wie es bisher von ihnen erwartet wurde.

Feuer

21. Mai 1927 – Charles Lindberghs erster Non-stop-Flug allein über den Atlantik, von New-York nach Paris, höre ich gerade im Radio.
21. Mai 2000 – heute vor 42 Jahren gebar ich meine Tochter, nun schon vor einer Stunde, um acht Uhr morgens.
Was für ein schöner Tag hier in Castellabate! Ich bin tief gerührt von meinem Glück, hier so friedlich, gesund und froh leben zu dürfen. Alles klappt, wie ich es mir wünsche.
Einen Wunsch allerdings habe ich noch – Walter.
Vor einigen Jahren lernten wir uns durch ein Zeitungsinserat kennen, das ich aufgegeben hatte. Wir begegneten uns nur ein einziges Mal und mochten uns.
Durch widrige Umstände – Walter versorgt seit Jahren seine altersschwache und pflegebedürftige Mutter – kamen wir uns nur durch Austausch von Briefen und vor allem durch das Telefon näher. Alles ist in der Schwebe. Jeder von uns beiden hat seine Träume und Wünsche.

Brief an Walter

Heute nacht hatte ich einen Traum.
Eine Frau sah ich, die einen Mann an der Hand führte. Er schien etwas zaghaft.
Sie ging voraus, durch einen Urwald aus Bäumen, Sträuchern und hochgewachsenem Unkraut. Sie ging ohne Angst und sicheren Schrittes . Er sah ein wenig zögerlich aus, ließ sich aber durch alles Dickicht hindurchführen.
Man träumt ja immer von sich selber. Also war ich die Frau. – Da wir zuletzt vom Mähen der Wiesen

und dem Unkraut hier sprachen, bin ich sicher, Du warst mein „Traummann“.
Ich stockte etwas am Telefon, als Du meintest, man könne doch das Unkraut stehen lassen. Aus Deiner Sicht vielleicht, Walter. In Mitteleuropa ist ja fast alles gemäßigt, auch der Wuchs der Natur. Hier aber, im Süden unseres Kontinents, gelten andere, extremere Gesetze. Auch für die Natur. Aus einem in der Regenzeit in die Erde gesteckten Rosmarinzweig etwa wird in zwei bis drei Jahren ein Riesenbusch, fast nicht zu bändigen in seinen Ausmaßen.
Auf mein Hanggrundstück bezogen heißt das, ich weiß in dieser Jahreszeit, im April, nicht, wo ich hintreten kann. Das Gras, das Grün, das (Un-)Kraut machen mich fast unsichtbar, begebe ich mich hinein. Es ist so dicht, ich sehe nicht, wohin ich trete, also auch nicht, ob ich mich schon über dem Abgrund zur nächsten Terrasse befinde. Es erstickt auch alles neu Angepflanzte.
Bis etwa Ende Mai sind die Farben der Blüten faszinierend. Bei uns in Deutschland sah ich schon lange nicht mehr solch eine Vielfalt an Kräutern und an Blüten. Danach färbt sich alles ziemlich rasch gelb, wird dürr, staubig, hart.
Im grünen, saftigen Zustand lassen sich Gras und Kräuter besser in die Erde einarbeiten. Alessandro, ein Bauer aus meiner Nachbarschaft, gräbt meine Wiesen um.
Da meine Wiesen nicht in einer gepflegten Wohnanlage liegen, sondern draußen in freier Natur landwirtschaftlich bearbeitet werden, Olivenhaine und Weinberg umgeben sie, muß ich sie kurz halten, wie jeder Bauer es hier tut. Ich will ja im Herbst meine Netze unter den Olivenbäumen auf sauberem Grund auslegen können und sie nicht über wucherndes Gestrüpp

balancieren lassen. Dazu befreie ich die Bäume jetzt von vielen neu ausschlagenden Ästchen und Zweigen, welche den Blüten und Früchten die Kraft wegnehmen würden.
Nun liegt mein Haus direkt in dieser freien Natur, nicht nur den Ameisen und anderem Kleingetier ausgesetzt, sondern ebenso den Schlangen, die sich im Dickicht breitmachen können. Also werde ich tunlichst die Umgebung meines Hauses sauber halten.
Nicht zuletzt die Brandgefahr kann ich verringern, indem ich wenig Brennbares liegen, stehen oder wachsen lasse. Hast Du einmal einen Flächenbrand hier erlebt und wie die Menschen damit umgehen, stellst Du Dir gar nicht mehr die Frage, ob Du möglichst vieles, was brennen könnte, beseitigst oder nicht.
So, mein lieber Walter, wieder eine kleine Facette der Renate und ihrer Welt. Ich kann mir nicht vorstellen, jedenfalls solange ich es körperlich schaffe, hier nur herumzusitzen. Da könnte ich mich auch auf Mallorca in einen Strandkorb begeben. Scheußlicher Gedanke.
Ich fühle mich hier voller Schaffensfreude und Tatendrang, und was ich anfange, gelingt mir. Dafür bin ich meinem Schöpfer dankbar.
Grüße aus Italien!

Kalter Wind kommt vom Norden, der Tramontana. Er peitscht die Wellen zu kleinen Wasserhügeln und Fontainen auf.
Ich schwimme gegen den Wind. Das Salzwasser, die Sprühfontainen spritzen mir ins Gesicht, in die Augen, gegen die Brille. Salz brennt in den Augen und läßt sie tränen. Heute ist es kein großer Genuß, eine längere Strecke im Meer zu schwimmen. Ich kann ja die Tränen, die von innen und die von außen, nicht wegwischen. Im Gegenteil, mit meinen ab und zu doch aus dem Wasser schnel-

lenden und die Augen reibenden Händen verschlimmere ich nur das Gefühl des Brennens. Also kehre ich um.
Nun, mit dem Wind schwimmend, nehme ich die von hinten gegen meinen Nacken hüpfenden Wellen kaum mehr wahr, jedenfalls nicht auf unangenehme Weise. Es macht Spaß, mit gleichmäßigen Bewegungen das Wasser zu teilen.
Viel zu schnell kommt mir der Strand entgegen. Schon berühren meine Knie den Grund. Gelbbrauner Sand, zu kleinen Wellen geformt, geben erst meinen Knien, dann meinen Füßen sanften, samtenen Halt. Ich stehe in der kühlen, windbewegten Luft und spüre von den Beinen abwärts die Wärme des im Herbst noch immer wohltemperierten Mittelmeeres.
Am Ufer angekommen, hülle ich mich in ein Badetuch und befreie meine Augen, mein Gesicht von dem heute als wenig angenehm empfundenen salzigen Naß. Ich friere. Ich ziehe trockene Sachen an und spaziere den Strand entlang zum Dorf.

Besuch aus Deutschland bringt mir willkommene Abwechslung in mein tägliches Einerlei.
Meine beiden Gäste sind unterwegs nach Ogliastro oder Acciaroli. Ich bleibe zu Hause und genieße die Ruhe um mich herum und das Nichtstun. Ich sammle meine Gedanken und lüfte sie, befreie sie von den traurigen Eindrücken und Erlebnissen, die sich in den letzten Tagen angesammelt haben.
Wie sehr mich doch manchmal die Anwesenheit zweier Menschen einengt! Wie unterschiedlich ich auf Gäste reagiere, die mir sympathisch sind.
Diese beiden hier sind etwas älter. Sie brauchen viel Pflege und Anteilnahme und fordern viel Aufmerksamkeit. Mich, die ich sonst allein lebe, strengen sie nach einiger Zeit ein wenig an. Andererseits sind sie mir sehr lieb. Während der Tage unseres Beisammenseins bemühe ich mich sehr, es sie an nichts fehlen zu lassen. Gute Gespräche führen wir miteinander, woran es hier sonst mangelt.

Doch kamen sie nicht zur angekündigten Zeit. Mittags wollten sie eintreffen; abends erst, fast schon bei Dunkelheit, tauchten sie auf. An diesem Nachmittag hatte ich zur Beerdigung des kürzlich auf tragische Weise ums Leben gekommenen Bürgermeisters gehen wollen und konnte es nicht, da meine Gäste nicht rechtzeitig eintrafen. Ich bedauere dies, denn ich fühle mich zum Dorf dazugehörig. Diesem Mann hätte ich durch Teilnahme an seiner Beisetzung gern meinen Dank und meine Anerkennung bezeugt. Solch eine Beerdigung bietet zudem die Möglichkeit, andere Dorfbewohner zu treffen, mit ihnen zu sprechen, gemeinsam zu trauern. Trauer verbindet, macht sanfter, sowohl die eigenen Gedanken als auch die der anderen, mit denen man sich zuvor vielleicht in einem gespannteren Dialog befand.
Das Ereignis zog zwischen fünftausend und sechstausend Menschen in unsere Gemeinde, die ungefähr achttausend Einwohner zählt. Die Trauerfeier selbst konnte nur auf dem Marktplatz vor dem Rathaus abgehalten werden, der die Menschenmassen einigermaßen faßte. Das große Kirchenschiff von Santa Maria wäre völlig überfüllt gewesen. Daß sämtliche Zufahrtstraßen mit Autos zugeparkt wurden, war natürliche Begleiterscheinung einer solchen Massenveranstaltung.
Was war geschehen?

Am vergangenen Mittwoch fegte über unsere Gegend, den Cilento, ein sehr starker Wind, ein wahrer Sturm, der Cirocco, und machte es einem schwer, im Freien aufrecht stehenzubleiben, stemmte man sich nicht gegen ihn. Schon den ganzen Tag über hatte ich mich im Haus, hinter dicken Mauern, wohler als draußen gefühlt.
Bei solcher Gelegenheit können sich manche Unzulänglichkeiten am Haus, bis dahin nicht sonderlich beachtet, unangenehm in den Vordergrund schieben. Etwa eine erst kürzlich über den gemauerten Kamin geschobene Aluminiumhaube, die nicht gut befestigt ist. Sie klopfte und hämmerte und ließ mich die ganze Nacht über bangen, ob etwa durch die Wucht der Schläge der Kamin selbst

sich in Bewegung setzte. Oder ein Fernsehkabel, das, noch nicht in Gebrauch, gegen die Fenster schlägt. Und die Plastik-Rolläden sind in solchen Momenten ein Graus. Sie rütteln und klopfen, daß einem, besonders nachts, sogar der Spaß am Fernsehen vergeht, das indessen keinen großen Genuß bietet, weder am Gesehenen noch an den Sendungen selbst. Die Bilder hüpfen und tanzen oder verschwinden völlig. Es stöhnt und pfeift recht unheimlich im Haus und ums Haus herum.

Die Art und Weise, wie die Natur sich gibt, überträgt sich auf die Menschen. Ja, ich fühlte in mir eine Unruhe, die nach Besänftigung oder Ablenkung verlangte.

Meine Nachbarin Gina rief mich an und lud mich zum Abendessen ein. Das paßte wunderbar.

Zaghaft fuhr ich bei Dämmerlicht die circa siebenhundert Meter zu ihr talabwärts, einen schmalen, kurvenreichen Privatweg entlang. Streckenweise besteht dieser Weg nur aus Sand, dann wieder aus Beton, der zerbröckelt, sich auflöst und tiefe Löcher hinterläßt. Er ist der Schrecken eines jeden Besuchers des Raggio di Sole, einer Azienda, die Gina mit Geschick betreibt. Fürchterlich steil führt dieser schmale, enge Weg in vielen Kurven hinab. Ich stehe fast ununterbrochen auf der Bremse, selbst im ersten Gang. Das Fahrzeug scheint mir unter dem Gesäß wegzurutschen. Die Reifen und die Bremsen stöhnen und quietschen und schrettern. Der Weg endet in der Zufahrt zu Ginas Anwesen, und alles ist überstanden – jedenfalls bis zur nächtlichen Heimfahrt.

Der Abend gestaltete sich angenehm. Einige Gäste hatte Gina zu sich gebeten. Plötzlich rief einer von ihnen: „Schaut mal – da draußen!“

Alle rannten wir auf die Veranda und von dort um das Haus herum und sahen in der Dunkelheit an verschiedenen Stellen Feuer in der Ferne aufleuchten – große Feuer, eines davon ringartig um einen Hügel züngelnd. So umgrenzt brannte es zunächst, daß uns allen klar war, hier waren wieder einmal Brandstifter am Werk, die mit Benzin einen Ring um diesen Hügel gelegt hatten.

Von dieser ersten Brandstelle breitete sich das Feuer rasch auf die unmittelbare Umgebung aus. Im Nu standen zwei, dann drei Hügel in Flammen. Bald brannte es an diesem uns gegenüberliegenden Berg an allen Enden. Das Feuer züngelte bereits sehr nahe an San Marco heran.

Plötzlich sahen wir ganz in unserer Nähe, unterhalb vom alten Castellabate, ein neues Feuer aufflammen. Hier fraßen sich die zwanzig Meter hohen Flammen schon den ganzen steilen Hang hinauf und endeten erst an der Mauer, welche die Dorfstraße stützt. Es war ein bedrohlich nahe kommendes, leuchtend rotgelbes Ungeheuer, alles fressend, was sich auf seiner Bahn befand. Feuerfontainen leuchteten plötzlich auf. Da stand ein Olivenhain in Flammen. Die Bäume boten den Flammen lange Widerstand. Dann aber explodierten sie plötzlich. Das in ihnen steckende Öl erwärmte sich und entlud sich in phantastisch aufblitzenden Feuergarben.

Löschen war zwecklos. Womit auch? Hydranten gibt es nicht. Zwar erschien, was an Feuerwehrleuten nur aufgeboten werden konnte, und sämtliche Erwachsenen standen, mit Ästen, Lumpen und Wassereimern bewaffnet, bereit, um zuzuschlagen, falls das Feuer auf das Dorf selbst übergreifen sollte. Doch verbreiteten die riesigen vom Sturm getriebenen Flammen starke Hitze. Und die Flammen selbst sind so unberechenbar, daß man sich ihnen höchstens bis auf circa zwanzig Meter nähern konnte, ohne in Gefahr zu geraten, selbst zu brennen.

Eine alte Frau wurde gerade noch rechtzeitig aus einer Hütte, ihrem Zuhause, gerettet. Die Flammen hatten die Behausung bereits eingeschlossen. In der Aufregung hatte man die alte Dame zunächst vergessen.

Berichte aus anderen Teilen der Gegend wurden uns telefonisch übermittelt. Es brannte an vielen Stellen gleichzeitig.

Immer nur in solchen Sturmnächten geschieht dies Irrsinnige, Sinnlose, und die Menschen um mich herum sind im Kontrast dazu ungemein ruhig und gefaßt, ja gottergeben; sie können ja

nichts tun. Jeder ist in sich gekehrt und hofft, daß er und sein Hab und Gut auch dieses Mal verschont bleiben.
Gina sagte, sie habe immer ein Auto so parat, daß die Familie jederzeit einer sich nähernden Feuersbrunst entfliehen könne. Sie im Tal, einzig auf die unwegsame Straße angewiesen, sitze direkt in der Falle. Eine deutsche Psychologin, auch sie ein Gast, sagte, sie könne dieses Inferno nicht länger aushalten. Sie habe Angst. Sie wolle nach Hause. Ihr Ehemann, ein deutschsprechender Iraner, hätte dem Schauspiel um uns herum gern noch etwas länger zugeschaut.
Ich verabschiedete mich schnell und wollte diese Nacht auch lieber in meinem Hause wachend verbringen.
Auf dem Weg nach oben mußte ich an einem völlig verwilderten und überwucherten Gelände vorbeifahren. Es befindet sich unterhalb meines Terrains und grenzt an einer Stelle sehr nahe an mein Haus. Ich sorgte mich, daß in dieser Nacht jemand auf die Idee kommen könnte … Oh, ich will gar nicht weiter darüber nachdenken.
Nächste Woche lasse ich dieses Stück Wildnis, das ich dem Nachbarn Nicola abkaufte, mit dem Bagger säubern. Dann kann auch ich dem nächsten Sturm ruhiger entgegensehen.
An Schlaf war nicht zu denken. Der nachtschwarze Himmel war an vielen Stellen fast taghell erleuchtet. Die Brandzeichen am Himmel ließen mich ahnen, wo überall Wahnsinnige, Hassende am Werk gewesen waren.

Den ganzen folgenden Tag über sahen und hörten wir Feuerwehrhubschrauber über die Brandstätten fliegen und Wasserbomben abladen – Wasser, das man zuvor aus dem Meer geholt hatte.
Der Bürgermeister, so berichtete man am nächsten Tag, sei in diesem Inferno mitten unter den Menschen in San Marco gewesen. Einige Leute hätten ihn persönlich für das Feuer verantwortlich gemacht. Aus Angst und Haß seien ihm schreckliche Drohungen und Beschimpfungen entgegengeschleudert worden. Er habe sich

diese Anschuldigungen so zu Herzen genommen und sich derartig darüber aufgeregt, daß ihn der Schlag traf und er zu Boden fiel.
Nun weiß man hier, daß dieser erst 44-jährige Mann viel Gutes für seine Gemeinde getan und in Bewegung gebracht hat, und allgemein hörte ich das Entsetzen der Menschen über ein paar Unzufriedene, die sich diese Ausnahmesituation zunutze gemacht hatten, um dem Sindaco gegenüber ihrem Unmut über einige Angelegenheiten auf recht derbe Weise Ausdruck zu verleihen.
Der Bürgermeister wurde nach Vallo ins Krankenhaus gebracht. Er lag im Koma. Nur Maschinen hielten seinen Kreislauf noch aufrecht.
In Windeseile verbreiteten sich all diese Nachrichten unter der Bevölkerung. Alles Leben, alle Handlungen erstarben. Die Leute kannten nur ein Thema in immer neuen Variationen. Die Geschäfte blieben den ganzen Tag über geschlossen. Niemand arbeitete mehr. Stille zog über das Land und die Dörfer und drückte die Trauer aus, die fast jeder hier verspürte.
In einem Testament hatte der Bürgermeister verfügt, daß bei seinem Ableben seine inneren Organe gespendet werden sollten. Eine Ehefrau und zwei kleine Mädchen hinterließ er. Die Geräte wurden abgeschaltet. Wir alle hörten diese Nachricht mit Trauer.
Einen Tag später wurde er beerdigt. Die Beisetzung, die ohne mich stattfand, zog sich über viele Stunden hin. Noch am Tag danach war alle Betriebsamkeit auf ein Minimum reduziert. Die Angelegenheiten des Rathauses ruhten nun schon fast eine ganze Woche.
Das betraf auch mich, hatte ich doch erwartet, mir in dieser Woche endlich meine Einbürgerungsbestätigung von der Gemeinde abholen zu können. Ich benötige dieses Dokument für einige weitere Handlungen und Unternehmungen, die ich plane.
Doch Geduld. Was ist eine weitere Woche des Wartens im Vergleich zu einem Menschenleben?

Geschützte Natur, geschützte Kultur

Daß hierorts geballt solche Feuer gelegt werden, hat auch etwas mit dem Nationalpark Cilento zu tun, der seit nunmehr zehn Jahren besteht.

Erstens darf nun nicht mehr gejagt werden. Die Jagd ist hier im Süden ein Nationalsport der Italiener. Also dürfen im Herbst auch keine Zugvögel mehr abgeschossen werden, die, gut zubereitet, ein beliebtes Schmankerl der Bevölkerung sind. Bevor das Gebiet zum Nationalpark erklärt wurde, mußte man auf der Hut vor Schrotteilchen sein, die einem öfters um die Ohren flogen. Nicht wenige liefen in der Herbstzeit mit umgeschnalltem Patronengürtel herum, im Auto das Schießeisen, immer bereit, falls sich die geflügelten Durchreisenden zeigten, auf sie zu schießen.

Zweitens wurde die Bautätigkeit durch die Existenz des Parkes sehr eingeschränkt. Das traf ein bis dahin florierendes Gewerbe empfindlich, das beinahe einzige neben dem Tourismus. Selbst wenn man nur einen Zaun um sein Grundstück ziehen will, braucht man jetzt eine Genehmigung. Bearbeitet werden die Anträge nicht in meiner Gemeinde, sondern in Salerno, und auf Antwort läßt man lange warten.

So gibt es etliche, die mit dem Nationalpark Cilento unzufrieden sind und denen ein Feuer gerade recht zum Abreagieren ist.

Schade um die mühsam angelegten und gehegten Baumbestände, die in diesem südlichen Landstrich so wichtig zur Verbesserung des Klimas sind und sinnlos niederbrannten. Schade erst recht um all die ölspendenden Bäume, die, wenn sie sich überhaupt erholen, viele Jahre brauchen werden, um sich zu regenerieren und uns Menschen wieder Freude und Nahrung zu spenden.

Mit dem bei Teilen der Bevölkerung unbeliebten Nationalpark Cilento läßt sich in der Touristikbranche wunderbar werben. Immer häufiger erscheinen in deutschen Tages- und Wochenzeitungen Inserate mit diesem „Markenzeichen“.

Regelrecht herausputzen läßt sich manches innerhalb der Region durch Gelder der Europäischen Union für diesen Nationalpark. So werden zum Beispiel in Santa Maria di Castellabate, das zu Castellabate gehört, die Wege neu gepflastert, und das so richtig schön fußgängerfreundlich. Die Haupteinkaufsstraße, nur in eine Richtung führend, nämlich hin zum Dorfplatz, war bisher eine lebendige, pulsierende und laute Straße, auf der es die Autofahrer oftmals nicht leicht hatten, sich an den geparkten Autos vorbeizuschieben. Da mußte man schon gelegentlich sein Fenster herunterkurbeln und den Seitenspiegel einklappen, um millimetergenau an dem anderen Fahrzeug – ebenfalls mit eingeklapptem Spiegel – vorbeizukommen. Nannte man ein größeres Wohlstandsauto sein eigen, fuhr man ohnehin mit zwei Reifen auf dem Gehsteig.
In dieser Straße schmiegt sich ein Geschäft ans andere. Die Besitzer findet man nicht selten vor dem Eingang, wo sie Gespräche mit den Kunden führen oder auf Kundschaft warten. Ein buntes Nebeneinander von Musik- und anderen Automatengeschäften; dazwischen ein Friseur, in dessen vier Wänden seine Scherwerkzeuge die einzigen Geräusche erzeugen; das Gemüsegeschäft mit emsigen Verkäufern, die alle zur selben Familie gehören, sich um jeden Kunden besonders bemühen, ihn ansprechen und beispielsweise mir die Waren auch in gebrochenem Deutsch anpreisen.
Diese Straße erfüllt fast alle Bedürfnisse des täglichen Lebens, einschließlich Bank und Café, Bar und Apotheke. Mit all den Menschen, die sie bevölkerten, bot sie ein Bild dauernder Betriebsamkeit. Kurz und gut, ich hatte sie zu meiner Lieblingseinkaufsmeile erkoren. Selbst am Heiligen Abend, an dem die Läden hier bis 19 Uhr geöffnet sind, war sie für mein Empfinden heimelig, trotz ihrer bunten, meist grellen Illumination.
Nun ist sie nur noch fußgängerfreundlich. Leer, gepflastert, ohne pulsierendes Leben und Verkehr, ist sie sich selbst überlassen. Kaum jemand schleppt die vielen vollen Plastiktüten bis zu seinem Auto, das auf einem entfernteren Parkplatz oder sonst irgendwo eine freie Stelle fand. Man geht hier nicht gern zu Fuß, falls man nicht zum abendlichen Korso schlendert. Freilich, in der Zeit der

Bau- bzw. Pflasterarbeiten gab es für eine ganze Reihe von Menschen Arbeit, finanziert von der Europäischen Union. Doch das Ergebnis war niederschmetternd.
Das Flair dieses Ortes ist verlorengegangen. Die Ladenbesitzer schütteln mit Unbehagen die Köpfe und ihre mindergefüllten Geldbeutel wohl mit gleichem Unbehagen.
Langsam füllt sich diese Straße wieder mit Leben, was auch die Pflastersteine bekunden, die einem schon nach kurzer Zeit verdreckt und verklebt entgegenstarrten. Meines Erachtens wurden viel zu empfindliche Steine verlegt, die eher in einen Park passen.

Paestum besuche ich heute, mit Gästen.
Mit dem Auto nur circa eine halbe Stunde entfernt, liegt es in einer üppig grünen Ebene zwischen dem Meer und zerklüfteten Bergen, die sich in der Ferne erheben. Die Tempel selbst kann ich von meinem Hügel aus mit dem Fernglas erkennen.
Der antike Teil dieser ehemals griechischen Siedlung ist touristisch voll erschlossen. Die drei Tempel sind zur Zeit eingerüstet. Gelder für dieses erhaltenswerte Weltkulturerbe kommen von der UNESCO. Es seien, heißt es, die außerhalb Griechenlands besterhaltenen griechischen Tempel auf dem Festland.
Wir parken unseren Wagen bei Nico und schlendern an den vielen Menschengruppen vorbei zur Kasse. Mit unseren Rentnerausweisen bezahlen wir nicht einmal Eintritt. Das ist in ganz Italien so, gilt jedoch nicht für private Museen.
Wir wandern auf den uralten Wegen, deren Steine durch die Zeit und durch tausende Fußtritte rundgeschliffen sind, an ausgegrabenen Mauern, Säulen, einem Freilichttheater vorbei, vom Ceres-Tempel hinüber zu den beiden anderen Tempeln im gegenüberliegenden Teil des Areals. Zwischendurch lesen wir, auf Steinen sitzend, in den mitgebrachten Büchern über diese Ausgrabungsstätten.
Ein jüngerer Mann gesellt sich zu uns. Er erzählt von seiner Begeisterung für Paestum. Besonders schwärmt er von einer Grabplatte im Inneren des Museums. Ob auch wir die kennen?

Ja, sicher. Auf einer dieser Grabplatten, es ist die Deckplatte, prangt mein Lieblingsmotiv. Erst in den späten Sechzigern des letzten Jahrhunderts hat man sie ausgegraben. Ein junger Mann ist darauf abgebildet, der von oben rechts nach unten links ins Wasser springt – oder auch in eine andere Ebene. In dem Grab wurde ein Jüngling beigesetzt. „Der Taucher“, il tuffatore, hat man ihn genannt und dem ganzen Grab diesen Namen gegeben.
Die Seitenwände stellen ein Liebesmahl junger Leute dar. Die Farben der Fresken sind gut erhalten, sogar das Blau des Wassers. Kaum zu glauben, daß diese Tafeln schon über zweitausend Jahre alt sein sollen. Die Darstellung ist schlicht gehalten und doch in der Komposition vollkommen.
Jedes Mal, wenn ich in Paestum weile, schaue ich mir diese Grabplatten an, die in einem besonderen Raum des Museums und unter klimatisierten Bedingungen vor sich hin träumen. Schade, daß manche Besucher das Schild „Nicht blitzen“ einfach ignorieren.
Im Wagen umrunden wir noch einmal die alten, ohne Mörtel aufgeschichteten Mauern, die dieses Tempelareal umgeben. Wir steigen sogar auf eine dieser urzeitlichen Mauern aus behauenen, in- und aneinandergefügten Quadern hinauf und werfen zum Abschied einen bewundernden Blick auf die gesamte Anlage. Von einheimischen Brautleuten wird sie gern als Fotokulisse genutzt. Beim Abstieg bücke ich mich und finde Cyclamen. Sie wachsen unmittelbar an die Mauer geschmiegt.
Kurz halten wir neben einem Wasserbüffelgehege, einem nicht seltenen Anblick im südlichen Europa. Angeregt durch die Büffel, kaufen wir in einem kleinen Laden Mozzarella di Bufala und machen uns auf den Heimweg Richtung Berge.

Hinter vorgehaltener Hand

Eine Geschichte möchte ich erzählen, die typisch ist für den Umgang mit dem Thema Mafia. Marc, ein Schweizer aus einer der Nachbargemeinden, berichtete folgendes:

Ein Besuch bei seiner Gemeindeverwaltung stand an. Er schmiß sich in Schale, will sagen, er zog Hemd und Schlips, ein Jackett und die dazu passende Hose an. Ausgerüstet mit seinem wohlgefüllten Aktenköfferchen, fuhr er nicht mit seinem Mercedes, sondern in einem Kleinwagen mit Schweizer Kennzeichen vor dem Rathaus vor. Dort stellte er den Wagen ab und nahm seine Termine wahr.

Als er nach einiger Zeit zu seinem Wagen zurückkehrte, parkte daneben ein schwarzer Fiat der Mittelklasse. Ein junger Italiener schaute durch das heruntergekurbelte Fenster zu Marc herüber und fragte, ob er aus der Berner Gegend sei.

Das Autokennzeichen zeigte dies deutlich an. Marc bejahte.

„Dann kennen Sie sicher meinen Onkel, den Guiseppe Mantela. Der war vor vielen Jahren mal Ihr Kollege in der Firma XY."

„Ach, wirklich? Ich kann mich nicht erinnern."

„Doch, Sie haben gewiß zur gleichen Zeit in dieser Firma gearbeitet."

Marc war wirklich einmal in der genannten Firma angestellt gewesen. Auch Italiener waren dort beschäftigt. Doch an die Namen konnte er sich nicht mehr erinnern. „Kollegen" wäre sicher zu viel gesagt. Die Italiener arbeiteten irgendwo draußen auf dem Gelände, Marc innerhalb des Hauses in gehobener Position.

Aber der Mann – er stellte sich als Claudio vor – ließ nicht locker und stellte ihm geschickte Fangfragen, die Marc zunächst auch beantwortete. Allmählich meinte er sich an den Namen zu erinnern, den Claudio genannt hatte.

Plötzlich wurden die Lederjacken, die der Italiener auf dem Rücksitz seines Wagens liegen hatte, Thema des Gesprächs. Claudio erzählte, sein Geld sei ihm abhanden gekommen. Er müsse aber

den geliehenen Wagen, in dem er saß, wieder zurückgeben und bezahlen und brauche dafür mindestens 250 Euro, die er nicht habe. Er besitze nur die Lederjacken, eine schwarze und eine braune. Und er führte sie Marc vor.
Qualitätvoll waren sie, jedenfalls in Anbetracht des genannten Preises. Stutzig wurde Marc, als Claudio ihm sagte, er dürfe diese Stücke auf keinen Fall weiter veräußern und möge auch nicht darüber sprechen.
Marc lehnte ab mit der Begründung, er habe nie viel Bargeld bei sich und Schecks sowieso nicht, seine Frau erledige das für ihn. Aber er schenkte Claudio 35 Euro aus der Hosentasche. Mit der Bemerkung, das reiche für eine Tankfüllung und Claudio sei damit beweglich, stieg Marc in sein Auto und fuhr davon.
Meine erste Reaktion war: „Da steckt bestimmt die Mafia dahinter."
Doch nach längerem gedanklichem Verweilen bei den Einzelheiten, die Marc erzählt hatte, kam ich zu dem Schluß, daß es sich um einen kleinen Gauner gehandelt haben dürfte, der Hehlerware an den Mann bringen wollte. Vielleicht veranlaßte ihn das Schweizer Autokennzeichen, in seinem großen Familienclan mittels Handy nachzufragen, ob irgend jemand schon einmal in diesem Kanton gearbeitet hatte, und wirklich gab es solch einen Mann. Marc konnte sich an den Namen ja erinnern.
So hatte er sich aufs Glatteis führen lassen, wenn auch nicht mit dem von der anderen Seite erhofften Erfolg.
Mit dieser kleinen Geschichte will ich auf die Unsicherheit gegenüber dem Phantom Mafia hinweisen, die auch meine Gedanken unterschwellig färbt. Ich lebe ruhig und zurückgezogen in meinem italienischen Domizil und höre höchstens von anderen Ausländern gelegentlich etwas über diese Organisation oder werde nach ihr gefragt. Für solche Gesellschaftskreise bin ich sicher nicht interessant und will es auch nicht sein.
Aus meiner unmittelbaren oder auch weiteren Umgebung erhalte ich keine Zeichen oder Deutungen, die auf ein Wirken der Mafia hinweisen. Doch ranken sich anläßlich mancher Begebenheiten

oder Vorkommnisse immer wieder Geschichten um diese ehrenwerte Gesellschaft. Man spricht nicht darüber, und wenn doch, so nur hinter vorgehaltener Hand.

Eisenbahnerstreik

Es ist Februar. Ich treffe Vorbereitungen für meine Fahrt nach Castellabate. Diesmal reise ich mit dem Zug.

Viele kleine Dinge haben sich in den letzten Monaten angesammelt, die ich alle mitnehmen möchte: zwei Wandlämpchen, eine dazu passende Deckenleuchte, Fliegengitter für die Kippfenster, einen elektrischen Quirl für die Küche und noch einiges mehr. Im Dorf selbst sind solche Dinge nicht zu erhalten. Dazu müßte ich in die circa sechzig Kilometer entfernte Metropole Salerno fahren.

Ein großer Koffer reicht knapp für alles, was mit auf die Reise soll. Er hat ein beträchtliches Gewicht. In den Rucksack kommen alle persönlichen Gegenstände für unterwegs, proppevoll auch dieser. Die Bücher, Dokumente und obenauf die warme Kleidung füllen ein rollbares Köfferchen. In die Umhängetasche presse ich Geldbörse, Tagebuch, Fahrscheine, Schminkbeutel, Fotoapparat, Notiz- bzw. Adreßbuch und Medikamente und obendrauf ein Päckchen Taschentücher. So ausgestattet, steige ich in den Zug, der mich aus meinem Dorf nach Rosenheim bringt. In Rosenheim hält der Nachtzug nach Neapel. Täglich fährt er von München nach Napoli und zurück.

An diesem Samstagabend kommt mir der Bahnhof ungewöhnlich leer vor. Mühevoll schleppe ich den schweren Koffer in Richtung Treppe und zu den Bahnsteigen, als mir zwei Bahnbedienstete in Uniform entgegenkommen. Freundlich fragen sie mich, wohin die Reise gehe.

„Nach Neapel", sage ich im Vorübergehen.

„Oh, da kommen Sie heute aber nur bis Innsbruck", meint einer der beiden Herren.

Ich steige neben dem Förderband, das sich in Bewegung setzt, die Treppe abwärts, immer darauf bedacht, daß der schwere Koffer nicht durch die ruckartigen Bewegungen des Laufbandes herunterfällt. „Sie scherzen wohl“, ist meine erste Reaktion.
„Nein“, meinen beide Herren gleichzeitig, und der eine ergänzt: „Heute ist den ganzen Tag über Streik in Italien. Erst morgen abend ab 21 Uhr ist der Fahrbetrieb bei der italienischen Bahn wieder normal.“
Mein Koffer und ich sind inzwischen am unteren Ende der Treppe angekommen. Am anderen Ende des Tunnels, bei Gleis fünf, stehen bereits zwei andere Gepäckstücke. Meine Umhängetasche zieht stark an meinem Hals. Ich bin erst einmal sprachlos – und frage dann die Herren, was ich nun tun soll.
Einer von den beiden – er bekleidet wohl einen höheren Rang – verabschiedet sich vorsichtshalber freundlich von mir und entschwindet in die Dunkelheit. Der andere bleibt höflich oben an der Treppe stehen und meint, ich solle heimfahren und morgen abend wiederkommen.
„Wie soll ich denn mit diesem schweren Gepäck wieder nach Hause kommen?“ Ich zeige deutlich, was ich in diesem Augenblick bin – hilflos.
Meine Worte und Gesten müssen bei dem Bahnbeamten Kavaliersgefühle ausgelöst haben, denn er kommt freiwillig zu mir herabgestiegen und trägt mir den Koffer wieder nach oben. Aus dem Augenwinkel sieht er die anderen, entfernt abgestellten Stücke und sagt: „Oh, da hat wohl noch jemand die Hoffnung, heute abend weiterzukommen.“
Ich erkläre ihm, daß auch diese Gegenstände zu meinem Gepäck gehören, und hole sie rasch selber.
Oben an der Treppe angekommen, läßt er mich warten, um sich noch einmal per Telefon bestätigen zu lassen, daß Innsbruck heute wirklich Endstation ist. „Ja.“ Mit eindeutigem Kopfnicken eilt er wieder zu mir und schlägt vor, das Gepäck bis morgen im Schließfach zu verstauen. Er bittet mich um vier D-Mark, um das inzwischen gefüllte Fach zu verschließen.

Ich suche verzweifelt nach deutschem Geld, finde aber keines. Das habe ich zu Hause in dem Koffer verstaut, der sich nun im Schließfach befindet. Nur italienische Münzen habe ich bei mir. Für die kurze Zeit bis zum Brenner, dachte ich, brauche ich kein deutsches Geld mehr.
Er meint: „Wenn Sie den Zug zurück in Ihr Dorf noch rechtzeitig erreichen wollen, müssen wir uns beeilen."
Dieser Mann ist von einer Hilfsbereitschaft, wie ich sie schon seit langem nicht mehr beobachtet habe. Dem Alter nach könnte er mein Sohn sein. Er spricht einen leichten Thüringer Dialekt. Jetzt holt er einen Geldschein aus der Hosentasche, doch der hilft nicht. Einige umstehende Gestalten fragt er, doch die können nicht wechseln. Inzwischen verrinnt die Zeit.
Er rennt zu seinem „Info-Point"-Tresen, hinter dem er sich eigentlich befinden sollte, anstatt einer älteren Dame zu helfen, und holt passendes Kleingeld. Schnell laufen wir zum Gepäckfach zurück. Er verschließt es und reicht mir den Schlüssel.
Ich verspreche, ihm das Geld am nächsten Abend zurückzuerstatten. Da habe er keinen Dienst, aber ich könne es seinem Kollegen hinterlassen. Dann eilen wir beide zu dem Bahnsteig, von dem aus mein Zug mich zurück nach Hause bringen soll, und da kommt er auch schon.
Direkt vor uns öffnet sich eine Waggontür, und dort steht, man glaubt es kaum, ein Bahnkollege. Diesem erklärt mein netter Thüringer oder auch Sachse – ich bin mir darin nicht ganz sicher – meine Situation, und der Zugschaffner läßt mich ohne gültigen Fahrschein einsteigen. Herzlich bedanke ich mich bei dem hilfreichen jungen Mann, und schon schließen sich die Türen.
Ich bin mit meinem Rucksack und der Tasche beladen auf der Rückfahrt. Es ist inzwischen 22 Uhr geworden.
In Gedanken leiste ich allen Thüringern und Sachsen Abbitte, die bisher nicht eben meine ungeteilte Zuneigung besaßen, zumindest was ihre ausgeprägte, unverkennbare Lautsprache anbelangt, die es mir nur zu imitieren gelingt, wenn ich meinen Unterkiefer weit nach vorne schiebe, was jedesmal ein lautes Knacken meines Kie-

fergelenkes bewirkt. Ein so hilfsbereiter und freundlicher unbekannter Mensch ist mir schon lange nicht mehr begegnet.
Mit solchen Gedanken erreiche ich meinen Bahnhof. Durch Schnee und Kälte stapfe ich den Berg hinauf zu meiner Wohnung.

Vierundzwanzig Stunden später habe ich Glück. Der völlig überfüllte Zug – es ist der erste, der nach dem Streik gen Süden fährt – hält nur kurz in Rosenheim. Die Waggons stehen ganz woanders, als es die Schautafel am Bahnsteig anzeigt.
Ich renne, so gut es geht, mit dem schweren Koffer in einer Hand, dem Rollköfferchen in der anderen, dem Rucksack auf dem Rükken und der Umhängetasche, die von meinem Hals herab vor meinem Körper hin- und herschwenkt, am Zug entlang. Näher rückt der Waggon mit der Nummer 261, in den ich einsteigen möchte. Der Bahnmensch auf dem Bahnsteig hat schon die Trillerpfeife im Mund und ruft mir zu, ich solle endlich einsteigen, alles warte nur auf mich.
Während ich eine schon geschlossene Türe mühsam wieder aufreiße, entlädt sich mein Frust in nicht sehr freundlichen Worten. Hinter meinem Gepäck bin ich noch nicht ganz oben im Wagen angelangt, da fährt der Zug auch schon los, und die sich automatisch schließenden Türen schieben mich unsanft vorwärts.
Geschafft – im doppelten Sinn!

Die Fahrt verläuft reibungslos, sieht man von ein paar Unannehmlichkeiten ab. Die Heizung funktioniert nicht, was ich am Brenner als sehr ungemütlich empfinde. Mitternacht ist bereits vorüber, und der Zug hält ungewöhnlich lange.
Draußen ist alles schneeweiß. Stimmengewirr, Sprachfetzen schwirren durch die Dunkelheit. „Bolzano“ höre ich und „Aufenthalt“. Doch nicht etwa eine Streikverlängerung?
Meine Abteilgenossin, eine Deutsch-Italienerin, hält es nicht mehr auf der harten Liege. Sie will wissen, ob wir weiter als bis Bozen kommen.

Beruhigt vernehme ich bei ihrer Rückkehr, man warte nur noch auf das italienische Zugpersonal aus Bozen, das noch nicht eingetroffen sei. Der Streik endete ja erst vor drei Stunden.
Ein paar Stunden Schlaf finde ich dank gleichmäßigen Rädergeratters doch. Wir sind nur zu zweit im Abteil. Alle anderen Abteile quellen über von Menschen, so hat es am nächsten Morgen den Anschein, als sie sich zur Morgentoilette begeben.
Angeblich hätten in Rosenheim drei Personen zusteigen und unser Abteil mitbelegen sollen. Doch ich war die einzige. Im Nachhinein finde ich hierfür eine Erklärung: Ursprünglich wollte ich meine Reise bereits eine Woche eher antreten – erste Buchung. Eine Erkältung verhinderte das, und ich verschob die Fahrt – zweite Buchung. Schließlich kam der Streik hinzu. So bekam ich für eine Reise drei verschiedene Tickets, immer für den gleichen Liegewagen. Vielleicht hatte man meine Stornierungen nicht registriert.

Vorfrühling

Irgendwo zwischen Florenz und Rom erwacht mein Interesse an dem, was draußen an meinen Augen vorbeizieht oder -fliegt. Der neue Tag bricht an.
Wassertürme – schlanker Stamm bzw. Säule, auf dem ein Pilzkopf oder Kegel ruht. Früher sah man diese Türme auch bei uns häufig.
Minutenlange Fahrt durch Tunnels.
Kahle Berge, in graublauen morgendlichen Dunst gehüllt, an denen Häuser emporwachsen. Da und dort ein Steinbruch in den Berg geschlagen. Seine fast rosa scheinenden offenen Flanken wechseln mit den in Morgennebel gehüllten braunen, grauen oder olivgrünen Hängen einer Winterlandschaft ab. Wir fahren neben der Autobahn her, für deren Bau diese Steinbrüche einmal geschlagen wurden. Die Berge weichen langsam zurück und überlassen der Ebene eine weite Landschaft mit frisch umgegrabenen Äckern und Feldern.

Noch weiter südlich beginnt das Grün des nahenden Frühlings, schon jetzt im Februar. Apfelsinenbäume voller orangefarbener Früchte, gelbblühende Mimosenbäume, duftige Mandelbäumchen. Elektrische Kabel tänzeln von Mast zu Mast neben den Gleisen, mal auf, mal ab, und begleiten den Zug.

Am Gangfenster neben mir wortkarge italienische Morgenmuffel. Aus entfernteren Abteilen schwirren bayerische Stimmen an mein Ohr. Eine Gruppe Kunststudenten aus München drängt sich im Gang vor den Abteilen zusammen und erwartet die Ankunft in Rom, die sich mindestens um eine Stunde verzögert. Eifrig tauschen die jungen Leute italienische Wortbrocken aus. Als zur fahrplanmäßigen Ankunftszeit in Rom das Städtchen Orte an unseren Augen vorbeizieht, finden sie, daß es hier „gar nicht römisch aussieht".

Ich beobachte die Bergketten in der Ferne, die uns schon seit der Toskana begleiten. Hinter vorgelagerten Hügelketten spitzen Häuser und ganze Dörfer hervor.

In Rom leert sich der Zug fast völlig. Mein Waggon beherbergt nur noch ganze fünf Fahrgäste. Keiner dieser Menschen ist an einem Gespräch interessiert. Ich schaue mir weiter diesen an mir vorbeifliegenden wunderschönen Film einer Landschaft an.

Pappelwäldchen und Weinberge, noch im Winterkleid. Alle Bäume und Rebstöcke biegen sich leicht schräg in eine Richtung. Andere Pflanzen und Sträucher zeigen bereits die in ihnen aufsteigenden Säfte; sie schimmern rötlich oder grün. Büffelherden, schwarze Tiere, wechseln mit rotbraunen Pferden ab, die friedlich das Gras der Wiesen abrupfen.

Im Vorbeiflitzen lese ich plötzlich Formia, und ich sehe das Meer. Die Landschaft wird von der Sonne durchwärmt und überflutet.

Der Tag hat seine Mitte erreicht. Er zaubert eine heitere, klare Landschaft hervor, wie auf Email gemalt. Grün ist alles rundum, die Artischocken- und Bohnenfelder, die teilweise schon abgeernteten Kohlfelder, deren Früchte zum Export nach Norden, vielleicht nach Deutschland, bestimmt sind. Olivenhaine. Plötzlich das Dunkel eines Tunnels.

Auf der anderen Seite das gleiche Bild. Eichenwälder, die mit ihren braunen Blättern vom noch nicht allzu fernen Winter zeugen. Wacholder, von Winterstürmen zerzauste Bäume. Eukalyptus hebt sich hell gegen den blauen Himmel ab. Verfallene Burgruinen krönen die Kegelberge ringsum. Schafherden auf Wiesen. Überall Menschen, die diese Natur bearbeiten.
Auf einer Seite nun die Berge, auf der anderen das Meer. Neapel ist nahe. Der Vesuv mit seinen beiden Spitzen sitzt breit und massig im Vordergrund. Langsam fährt der Zug in den Centrale ein. Ich bin froh, bald am Ziel meiner Reise angelangt zu sein.
Durch die einstündige Verspätung am Brenner warte ich eine Stunde, bis mich ein Zug über Salerno nach Agropoli bringt. Wie immer, wenn ich mit dem Zug nach Castellabate fahre, holt mich Carmela vom Bahnhof ab.

Alt und Jung

Carmela, meine Nachbarin, ist eine selbstbewußte Frau von guter Erscheinung und herzenslieb. Den Jahren nach könnte sie meine Tochter sein. Im Lauf der Zeit haben wir uns angefreundet. Das schließt Carmelas ganze Familie mit ein.
Früher gab es noch die Urgroßmama, die gesegnete 97 Lebensjahre erreichte. Gepflegt werden die Alten hier in den Familien. Abgeschoben werden in ein Heim, wie bei uns in Deutschland üblich, das gibt es hierzulande nicht. Die ganze Familie hält zusammen und hilft.
Neben der Tradition gibt es aber noch einen weiteren Grund, die Alten gut zu pflegen und zu versorgen. Nicht selten, ja ich wage zu sagen überwiegend, lebt die ganze Familie von den Renten der Alten, zumindest hier im Süden. Arbeit als Broterwerb gibt es hier nun einmal kaum, qualifizierte Arbeit findet sich in Süditalien selten. Saisonal eröffnen sich zwar Erwerbsmöglichkeiten, doch Bargeld ist meistens knapp.

Der jüngste Sohn hat das Vorrecht und die Pflicht, die Eltern zu versorgen. An ihn fällt auch der Hof oder das Haus. Das erzeugt manchmal Spannungen zwischen den Geschwistern. Und doch hat es zumindest für einen Außenstehenden den Anschein, als vertrage man sich hier in den Familien recht gut.
Carmela ist nicht in Castellabate geboren. Sie ist eine „Zugereiste", wie man in Bayern sagen würde. Auch hier dauert es seine Zeit, bis man als volles Mitglied der Gemeinde anerkannt wird, wenn man von außerhalb kommt.
Vier Kinder hat sie geboren, was in heutiger Zeit auch hier nicht mehr selbstverständlich ist. Die ersten beiden Kinder waren Mädchen, und so sollte wenigstens das dritte Kind männlichen Geschlechts sein. Wirklich wurde es ein Junge, nach dem Großvater Costabile genannt. Die Familie war komplett. Doch zwölf Jahre später erblickte noch ein Mädchen, Christina, das Licht der Welt und wurde der Liebling der ganzen Familie.
An Carmelas Familie läßt sich gut die Struktur einer italienischen Familie im Süden ablesen. Im Hause, in den alltäglichen Belangen und in der Kindererziehung hat die Hausfrau das Sagen. Nach außen verkörpert der Mann das Oberhaupt der Familie; die Ehefrau steht, bildlich gesprochen, ein wenig hinter ihm. Die Rangordnung ist an der Sitzordnung bei Tisch ablesbar. Das Oberhaupt nimmt den Platz am Kopfende des Tisches ein. Für einen Gast ist es eine besondere Ehre , auf diesen Platz gebeten zu werden oder aber rechts neben dem Hausherrn zu sitzen.
Carmelas Mann Fernando verhält sich da schon einmal großzügig; er ist moderner eingestellt. In früheren Jahren war er einer der vielen Gastarbeiter in Deutschland, die damals gern dort gesehen waren. Von vielen seiner zu jener Zeit gemachten Erfahrungen und Eindrücke finden sich auch heute noch Spuren in seinen Handlungen. Er versteht die deutsche Sprache noch recht gut, wenn er sie auch nicht mehr spricht.
Deutsche Frauen, die in italienische Familien eingeheiratet haben, werden von der italienischen Tradition völlig absorbiert. Ihren Kindern merkt man den hälftigen deutschen Anteil schon nicht

mehr an. Sie wollen auch gar nicht anders sein als ihre vollitalienischen Altersgenossen. Nur dann und wann, wenn zwischen den schwarzen oder braunen Köpfen irgendwo ein blonder Haarschopf auftaucht, merkt man, daß hier frisches Blut in den Ort getragen wurde – sicher nicht zum Nachteil des Dorfes.

Carmela fährt mit mir hinauf nach Castellabate. Wir unterhalten uns über die neuesten Begebenheiten und Gerüchte im Ort. Die erste Mahlzeit nach jeder Ankunft mit dem Zug nehme ich bei ihr ein – gute italienische Küche.

Gattò di Patate

Etwa 2 kg mehlig kochende Pellkartoffeln abpellen und in einer Schüssel zerdrücken. Dazu gibt man etwa 1 Viertelpfund Butter, 6 bis 7 Eier, etwa die Hälfte von 200 g Reibekäse (Parmeggiano oder ähnlichem), Salz, Pfeffer, Petersilie und ca. ½ Glas Milch nach Bedarf.

Alles wird nun mit den Händen gut durchgemischt und die Hälfte dieser Masse in eine gut gefettete Auflaufform gegeben.

Darauf verteilt man 200 g gekochten Schinken, in Scheiben geschnitten, oder aber Salamischeiben. 1 Pfund Mozzarella (oder auch Fior di Latte), in kleine Würfel geschnitten, gibt man auf den Schinken bzw. die Salami, und den Rest des Reibekäses streut man obenauf.

Mit der zweiten Hälfte der Kartoffelmasse füllt man nun die Auflaufform gut bis zum Rand. Aufgestreute Semmelbrösel bilden den Abschluß. Mit einer Gabel vielmals die Masse anstechen.

Circa 1 ½ bis 2 Stunden bleibt der Auflauf bei mittlerer Hitze im gut vorgewärmten Backofen. Nimmt man eine Glasauflaufform, kann man den Garprozeß gut beobachten.

Schmeckt sowohl warm als auch kalt ausgezeichnet!
Man reicht Salat dazu.

Dann aber drängt es mich, mein Zuhause in Augenschein und wieder in Besitz zu nehmen.

Mein Leben hier bewegt sich zwischen Arbeiten im Hause und auf dem Lande und alledem, was sich darum herum sonst noch ansammelt: dem Schwimmen im Meer, je nach Wetterlage bis Anfang oder Mitte November, Strandspaziergängen, Besuchen bei Nachbarsfrauen mit den üblichen längeren oder auch kürzeren Gesprächen über Alltägliches, den gegenseitigen Einladungen. Auch das Niederschreiben von Geschichten, Eindrücken, meinem Leben in einer süditalienischen Gemeinde begann hier. Zwischendurch schaue ich immer wieder einmal auf und blicke in die Natur, vergleichbar dem Einatmen und Auffüllen der Lungen, der Augen, lasse all dies in mein Inneres ein, und manchmal halte ich es in kleinen Skizzen oder Aquarellen fest.
Oder ich sitze einfach nur da und schaue und tue nichts, wie gerade eben jetzt. Ich beobachte kleine bunte Vögel, unseren Spatzen in Deutschland ähnlich, aber nur halb so groß wie diese und viel farbiger, wie sie zwischen den Olivenbäumen hin und her fliegen und hüpfen und tanzen und die reichlich vorhandenen Insekten aufschnappen.
Es ist Herbst, die Olivenfliege tut ihr zerstörerisches Werk, indem sie Eier in die fast reifen Olivenfrüchte legt. Es ist wieder einmal Zeit zur Olivenernte.

Bitterer Nachgeschmack

Nun muß ich von einem Ereignis berichten, das mich etwas vorsichtiger in der sonst so positiven Einstellung den Menschen hier gegenüber gemacht hat und das mich noch heute schmerzt.

Seitdem ich vor einer Woche hier angekommen bin, machen sich ungute Gefühle in mir breit, Entsetzen über die Art und Weise, wie hier mit der Ehre des anderen umgegangen wird. Jetzt erlebe ich bewußt die andere Seite der Medaille. Glauben wollte ich es nicht, lange Zeit wehrte ich mich dagegen. Was kleinlich und abscheulich war, wies ich weit von mir. Man erzählte sich „etwas", und ich schmunzelte höchstens darüber, tat es als Gerücht ab und vergaß es sofort wieder. Es berührte mich nicht – allzu Menschliches, wie es überall vorkommt.
Jetzt fühle ich mich hilflos, müde, enttäuscht und kraftlos. Wie kann so etwas innerhalb von wenigen Tagen geschehen? Dazu muß ich ein wenig aus der Vergangenheit erzählen.

Vor ungefähr sechs Jahren lernte ich einen älteren Mann namens Giuseppe kennen. Kurz zuvor war er aus Deutschland zurückgekehrt, wo er fast dreißig Jahre bei der Deutschen Bundesbahn als Gleisarbeiter beschäftigt gewesen war. Nun wollte er die Früchte seines langen Arbeitslebens in seiner Heimat Italien genießen.
Der deutschen Sprache war er trotz des langen Aufenthaltes nur bedingt mächtig. Sein Schreibvermögen beschränkte sich auf das Malen kindlicher Buchstaben, die, aneinandergereiht, seinen Namen ergaben.
Keinen der Briefe von amtlicher deutscher Stelle hatte er beantwortet und seiner deutschen Gemeinde nicht mitgeteilt, daß und wohin er verzogen war. Somit war er für die deutschen Behörden nicht auffindbar, und die deutsche Rentenzahlung erlosch.
Mich bat dieser Mann, ihm zu helfen. Ohne Geld wäre sein Traum vom guten Leben in Süditalien ausgeträumt gewesen, noch ehe er begonnen hatte. Sicher, er arbeitete noch täglich bei anderen Leuten, die ihn stunden- oder auch tageweise bezahlten – mähte Gras mit einem Motor-Handrasenmäher, fällte Bäume und zersägte sie, kurz, er übernahm alle Arbeiten, die an ihn herangetragen wurden und die er körperlich noch zu leisten vermochte. Er hatte Wünsche, einen Ape 300 zum Beispiel, eine umkleidete Ves-

pa auf drei Rädern. Doch solche Träume zu verwirklichen kostet Geld, und das fehlte ihm.
Ich schrieb Briefe, führte Telefonate quer durch Deutschland, besuchte Ämter, schickte von neuem Briefe, telefonierte wiederum, sprach bei Bahnbediensteten im nahen Rosenheim vor. Mit der Hilfe eines Freundes, der selbst einmal bei der Bahn beschäftigt war und noch immer gute Kontakte pflegte, gelang es mir nach vielen Mühen, die verloren gegangenen Rentenzahlungen wieder aufleben zu lassen.
Ich war froh, diesem Menschen geholfen zu haben. Und Giuseppe war glücklich, wieder in den Genuß der nicht unbeträchtlichen Rente gelangt zu sein.
Mit meiner Hilfe eröffnete er bei einer deutschen Bank ein Konto und gab mir darüber Vollmacht. Lesen und schreiben kann er ja nicht und wäre, auf sich selbst gestellt, hilflos gewesen. Er hätte sich die Rente auch in Italien auszahlen lassen können, doch fürchtete er, dann Abschläge in Kauf nehmen zu müssen; so stellte er es mir dar.
Jahrelang versorgte ich ihn mit seinem Geld, sofern er nicht selber nach Deutschland kam. In den ersten Jahren erschien er öfter bei mir und holte in meinem Beisein sein Geld von der Bank. Jahrelang führte ich allen Postverkehr mit Rentenstellen und der Krankenkasse und mit dem Bahnsozialwerk, um ihm seine Freifahrtscheine für die Deutsche Bundesbahn zu besorgen. Das wurde für ihn und auch für mich zur Normalität.
Manchmal erzählte er von den Schwierigkeiten mit seiner von ihm getrennt lebenden Ehefrau. Die wollte von seinem Geldsegen auch etwas abhaben. Er aber dachte gar nicht daran, ihr etwas abzugeben. Freimütig erzählte er mir von seinen Versuchen, die großen D-Mark-Geldscheine, die ich mitgebracht hatte, in kleinen Mengen in verschiedenen Ortschaften bei jeweils wechselnden Banken umzutauschen, nur um zu verschleiern, daß er Geld aus Deutschland bekam. Seiner Frau gab er keine Lira. Er habe sein Leben lang genug an sie gezahlt. Auch seien nicht alle Kinder von ihm – so

sein Kommentar zum Thema Rente. Offiziell verbreitete er überall, er bekomme keine Rente aus Germania.

Zwischen ihm, seiner Freundin, mit der er zusammenlebte, und mir entwickelte sich nachbarschaftlicher Kontakt. Er half mir bei Arbeiten auf dem Lande. Ich erledigte seine finanziellen und schriftlichen Belange. Seine Freundin fertigte mir gegen Bezahlung die oben beschriebenen köstlichen Feigenpakete. Kurzum, wir lebten in Frieden miteinander.

In einem früheren Kapitel schrieb ich, jeder Mann halte hier den Abstand ein, den ich als Frau ihm vorgebe. Das hatte ich für mein Empfinden auch bei diesen Leuten so gehalten.

Giuseppe, mitgeprägt durch seinen langen Aufenthalt in Deutschland, wo die Frauen sich freier, offener und zugänglicher verhalten, muß wohl dem Irrglauben verfallen sein, er hätte leichten Zugang auch zu der Deutschen, die ganz in seiner Nähe in Italien lebt. Zunächst schäkerte er mit mir. Dann, als ihm das nichts brachte, jammerte er mir vor, seine Freundin sei dauernd krank. Er versuchte, sich mir zu nähern. Ich wies ihn sehr deutlich in die Schranken.

Was das bei einem Italiener auslösen kann, bekam ich in extremer Form zu spüren.

Eines Tages wurde von behördlicher Seite die Frage nach seiner Rente aus Deutschland gestellt. Seine Tochter, die am Rande des Existenzminimums lebte, konnte eine von der Gemeinde erhobene Abgabe von nicht unbeträchtlicher Höhe nicht bezahlen. Also hielt man sich an ihren Vater. Dieser aber gab an, keine Rente aus Deutschland zu beziehen.

Von den Kindern und der Kommune bedrängt, erzählte er überall, ich, die Signora Tedesca, hätte ihm seine Rente nie ausgezahlt. Ich hätte alles für mich behalten.

Dies war bereits die zweite Version. Die erste lautete so: Er bekomme vom deutschen Staat eine Pension von viertausend Deutschen Mark. Ich hätte ihm nur die Hälfte gegeben, die andere für mich behalten. Da kaum einer ihm glaubte, daß ein einfacher Ar-

beiter viertausend Deutsche Mark Rente erhalte – das sind in Lire circa vier Millionen! –, kam die zweite Version auf.
Einige Unverbesserliche geilten sich an seiner Geschichte auf. Sie meinten, die Tedesca könne sich ihr Leben in Italien nur leisten, weil sie vom Geld des Giuseppe lebe. Eine weitere Variante lautete, er wisse seit drei Jahren, daß er einen Rentenanspruch hat, doch wie sich jetzt erst herausstelle, hätte ich alles für mich behalten.
All diese Vorwürfe konnte ich mit Hilfe meines guten langjährigen italienischen Bekannten Antonio, Kenner der Szene, und seines Anwaltes widerlegen.
Antonio fragte mich, wie es so weit kommen konnte, habe er doch wie alle anderen bis dahin einen guten nachbarschaftlichen Umgang zwischen Giuseppe und mir beobachtet. Ich erzählte ihm von Giuseppes Annäherungsversuchen. Spontan erwiderte Antonio: „Dann ist alles klar. Ein verschmähter Italiener reagiert nun mal so.“ Nur irritierte ihn, daß ein solcher Mensch, der zur unteren Klasse gehöre, so etwas überhaupt wage. Man pflege zwischen gehobener und unterer Schicht kaum intimere Kontakte.
Das war auch mir bewußt.
Vielleicht hatte sich bei Giuseppe die Gewichtung durch den langen Auslandsaufenthalt etwas verschoben. Er lebte ja für lange Zeit außerhalb der hier geltenden Traditionen.
Dahinter mag sich eine weitere Geschichte verstecken. Jahrelang kamen zwei befreundete Ehepaare aus Deutschland zu mir nach Italien gereist und halfen bei der Olivenernte. Einmal brachte eine der Frauen ihre Schwester mit. Diese hatte zuvor ihren Ehemann begraben, der sie zu Lebzeiten wohl nicht gut behandelt hatte. Vielleicht hatte sie Nachholbedarf in Sachen Gefühle.
Ihre Schwester schwärmte ihr von Giuseppe vor, er sei ein guter Mann, und animierte sie, ihr Verhalten gegenüber Giuseppe intensiver zu gestalten. Und das tat diese Frau in Gegenwart von dessen Freundin, mit der er zusammenlebte.
Ich sah das, war schockiert und äußerte mein Befremden abends im Kreise aller Bekannten.

Nun ging man auf mich los. Was ich nur hätte, sie habe doch nur ein wenig geflirtet. Ich entgegnete, sie habe ein typisches Verhalten vieler deutscher und nordeuropäischer Frauen an den Tag gelegt, die sich einem Italiener anböten. Dies ist bei Feriengästen oft genug zu beobachten. Man war beleidigt ob dieser Unterstellung. Ich aber kenne die hiesigen Sitten und Gedankengänge genau und wußte, wovon ich sprach. Ich hatte eine, wie sich später herausstellte, berechtigte Ahnung, wie dieser Italiener sich wohl verhalten würde.
Kurz und gut, einige Zeit später kam Giuseppe auf die Idee, es bei mir zu versuchen, in der Annahme, daß alle deutschen Frauen leicht zu erobern seien. Meine Ahnung hatte sich leider bewahrheitet.
Wie leichtfertig doch manche Menschen in einem ihnen unbekannten Land mit den Gefühlen und der Ehre des anderen umgehen! Sorglos beginnen sie ein Techtelmechtel, und dann verschwinden sie auf Nimmerwiedersehen und hinterlassen oft einen bitteren Nachgeschmack bei denen, die sie hinter sich zurücklassen, und mehr noch bei deren Partnern oder Partnerinnen.

Heute, mit zwei Monate Abstand zu meiner existenziellen und seelischen Bedrängnis, kann ich mit größerer Gelassenheit auf die Anschuldigungen und Verdächtigungen herabsehen.
Wer wirklich Freund ist, hat sich klar herauskristallisiert. Antonio und sein Schwiegervater mitsamt ihren Familien, angesehene Leute in Castellabate, luden mich zum Abendessen in ein Lokal ein. Sie demonstrierten damit, was sie von all den Gerüchten, dem Gemunkel und Geschwätz hielten.
Hans und Anastasia, das Schweizer Paar, das hier seinen ständigen Wohnsitz genommen hat, standen mir mit viel Anteilnahme und Zuwendung bei. Ohne sie hätte ich den Schock nicht so leicht überwunden.
Erst seit zwei Jahren kenne ich die beiden. Sie leben aber bereits seit sieben Jahren auf ihrem wunderschönen, einstmals von mir begehrten und später von ihnen gekauften Anwesen des Dottore.

Im vergangenen Jahr nach der Olivenernte, als ich meine gesammelten Oliven zur Ölmühle brachte, traf ich Hans, den ich vom Sehen kannte. Ich sprach ihn an. „Sind Sie Hans? Ich habe schon viel von Ihnen gehört."
„Ja, und Sie sind Renata", erwiderte er. „Auch ich habe oft schon Ihren Namen vernommen."
So lernten wir uns kennen. Anastasia, seine Frau, kam zu unserem ersten Gesprächs hinzu.
Diese zwei Menschen machten einen positiven Eindruck auf mich, und dieser vertiefte sich während unserer nun häufigeren Begegnungen langsam, aber stetig. Noch heute, mehr als zwei Jahre nach dem ersten Zusammentreffen, freuen wir uns alle drei, den Weg zueinander gefunden zu haben.
Anastasia war es, die mich nach meiner Abreise aus Castellabate in Deutschland anrief, um mir von den unglaublichen Gerüchten über mich zu berichten. Sie meinte, ich müsse davon erfahren.
Ich nahm das mir Berichtete gottlob nicht zu ernst, wollte mich wohl nicht schon in Deutschland damit belasten. Nachdem ich aber, zurückgekehrt nach Castellabate, in den ersten zwei Tagen die ganze Tragweite zu spüren bekommen hatte, rief ich bei Anastasia an und bat um ein baldiges Gespräch.
Bildete ich es mir in meiner lebhaften Phantasie nur ein? Mir schien, ich sähe nur noch in Gesichter, die mir entweder wohl wollten oder mich ablehnten.
Bereits eine halbe Stunde später rief Hans zurück und lud mich zum Mittagessen ein. Er versuchte, mich aufzubauen, die ich, restlos zerstört und überrollt von all den Angriffen und Lügen und Verleumdungen, mich kaum noch aus dem Hause wagte vor Scham, als Diebin beschuldigt zu werden. Ich schlief kaum noch. Mein Blutdruck schoß in die Höhe, ohne daß meine mir wohlvertrauten Medikamente halfen.
Zwischen fünfzig- und siebzigtausend D-Mark sollte ich entwendet haben, hatte mir Giuseppes Tochter im Gespräch gesagt. „Ich kann mir nur noch den Strick nehmen", war eine meiner Reaktionen darauf am Telefon zu Hans. Woher sollte ich so viel Geld

nehmen? Und das mir, die ich mich mein Leben lang bemüht habe, niemandem wissentlich auch nur das Geringste zu entwenden!
Inzwischen ist ein ganzes Jahr vergangen, und nichts blieb von den Anschuldigungen übrig. Man grüßt mich freundlich. Doch weiß ich die Menschen jetzt besser zu unterscheiden, weiß, wem ich trauen kann und wem nicht.
Ein bitterer Nachgeschmack blieb bei dem Gedanken an diesen Mann. Es heißt, seine Strafe habe er erhalten: Er erlitt einen Schlaganfall.
In all den Jahren, die ich hier verbracht habe, war dies das einzig wirklich Negative, das mir zustieß. Castellabate bleibt mein kleines Paradies mit Apfelbaum.

Kultur des Herzens

Oft bin ich gefragt worden, warum ich mich so für mein Italien einsetze, so Partei ergreife, so begeistert bin, und das seit vielen Jahren, ja seit Jahrzehnten.
Einer der Gründe dafür ist die Wesensart der Menschen hier im Süden – ihre sehr freundliche Umgangsweise; ihre immer hilfsbereite, fürsorgliche, Anteil nehmende, aber nie aufdringliche Art; der Respekt, mit dem sie einander begegnen. Hier bringt man mir und meinem Alter noch Achtung entgegen. In Deutschland hingegen behandelt man die Älteren oftmals nur als ein hinzunehmendes Übel. Ein Beispiel soll für viele stehen.
Mit meinem vollbeladenen Wagen unterwegs nach Castellabate, bin ich in Orvieto angekommen. Hier möchte ich übernachten. Hoch oben am Berg und auf Berges Rücken liegt der Ort.
Es ist Abendzeit. Ich sehe einen Polizisten, mit einem Passanten ins Gespräch vertieft, halte an und frage ihn nach einem Hotel mit Garage. Er zeigt in eine Richtung. Nach circa dreihundert Metern sei ich dort.

Ich fahre durch viele Gassen, die desto enger werden, je weiter ich mich im Labyrinth verirre. Einige schweißtreibende Minuten vergehen. Einmal klappe ich sogar meinen Außenspiegel ein, so wenig Platz läßt mir die Straße. Da öffnet sich vor mir die Häuserfront, und ich stehe wieder auf demselben Platz wie bei meiner Ankunft. Der Polizist unterhält sich nach wie vor mit dem Passanten.
Er sieht mich, kommt auf mich zu und sagt, ich möge hinter ihm herfahren. Er fährt auf seiner Vespa vorneweg.
An der engsten Stelle hält er an und zeigt hoch über sich. Und wirklich, dort hängt das Hotelschild. Ich hatte es in der engen Straße nicht gesehen. Er grüßt freundlich und fährt weiter.
Es ist die Gentilezza, die mir dieses Volk so sympathisch macht. Das Wort umfaßt viel mehr, als wir mit der deutschen Sprache ausdrücken können. Es schließt Gastfreundschaft, Liebenswürdigkeit und viele andere Tugenden mit ein. Die Gentilezza – das sei die italienische Kultur des Herzens, habe ich einmal jemanden sagen hören.

Vor allem meint die Sonne es mit dem Süden unseres Kontinentes gut und prägt ihn.
Sobald ich mich im Süden aufhalte, geht eine spürbare Veränderung in mir vor. Alle Anspannung, die ich aus dem Norden mitbringe, fällt von mir ab. Kein Platz mehr für Nervosität oder finstere Gedanken. Die Kraft der Sonne dringt in mich ein und macht sich dort breit. Ich tanke sie randvoll.
Nicht ohne Grund sind im Süden gewisse Depressionen, mit denen wir im Norden leben müssen, so gut wie unbekannt. Auch mein Körper dankt es mir. Ihn befallen schon nach kurzer Zeit keine Zipperlein mehr, die er mir im kalten, dunklen Norden in letzter Zeit häufiger sehr deutlich vorführt. Mein Befinden ist hier im Süden einfach gut.
Ruhe und Gelassenheit finden auch im Verhältnis zur Zeit ihren Niederschlag. Plötzlich muß nicht mehr alles pünktlich und auf die Minute genau durchdacht, geplant und ausgeführt werden. Man läßt sich Zeit. Oft gebietet die Sonne uns Einhalt und zwingt uns

zur Muße, zur Siesta für viele Stunden, in denen sie zu stark auf Mensch und Natur einwirken kann.
Allerdings haben wir Menschen dieser unserer Lebensquelle keinen guten Dienst erwiesen. Sie kann sich nicht zurücknehmen wie zum Beispiel ein Wurm, der bei Gefahr im Sand verschwindet. Seitdem wir uns unseres Schutzgürtels um die Erde zunehmend berauben, zeigt sie uns ihre auch zerstörerischen Kräfte, mit denen wir umzugehen lernen müssen.

Epilog

Mir nahestehende Freunde, Nicht-Italiener, die seit einigen Jahren in meiner Nachbarschaft leben, werfen mir vor, meine Betrachtungen wären zu verliebt und pro-italienisch. Sie selbst seien realistischer und sähen auch die gravierenden Nachteile im Miteinander der Menschen hier.

Sicher, es gibt natürlich auch die Schattenseiten, hier wie bei uns in Deutschland oder anderswo. Setzen wir uns in Deutschland aber täglich damit auseinander? Ich glaube nicht, sie sind uns vertraut.

Manche „Zugereiste“ aus anderen Ländern versuchen, alles mit den Zuständen im Ursprungsland, aus dem sie kamen, zu vergleichen. Das kann nicht gelingen, sind doch die Voraussetzungen hier und dort einfach zu verschieden. Auch leben wir hier im Süden oft mit Menschen einer anderen Bildungsstufe zusammen, die unsere Möglichkeiten des Nordens gar nicht haben.

Es kann zu Frustrationen führen, entscheidet man sich mit allen Konsequenzen kompromißlos für einen Wechsel aus der vertrauten Heimat in einen fremden Kulturkreis. Nach anfänglicher Euphorie folgt nicht selten ein Erwachen, wie man es nicht ahnen konnte. Ein nur körperlich vollzogener Wechsel bedingt noch lange kein automatisches Akzeptieren der doch recht fremden Welt, von der man umgeben ist.

Mein Wechsel in den Süden vollzog sich allmählich und dauert immer noch an. Nur so konnte ich mich mit dieser orientalisch-katholisch geprägten Welt auseinandersetzen, was ich noch immer tue.

Bei mir dominiert meine positive Grundeinstellung zum Leben im allgemeinen und besonders im Zusammenleben mit den Menschen dieses Dorfes. Vor fast fünfundzwanzig Jahren sah ich nur ansatzweise die Oberfläche, die sich mir bei meinen Besuchen darbot. Dann, mit der Zeit und mit wachsender Länge meiner Aufenthalte, vertieften sich die Eindrücke durch intensiveres Betrachten

und Einfühlen in die Mentalität dieser Menschen und deren All-tag.
Bei einigen Familien durfte ich allmählich auch hinter die Fassade blicken. Ein beiderseitiges Vertrauen entstand und Bereitschaft von meiner Seite, die Handlungen und die Lebensweise dieser Südländer zu verstehen, die mitgeprägt werden durch das extreme Klima und die Kirche und alles, was im weitesten Sinne damit zusammenhängt.
Auch ich rebellierte viele Jahre gegen den Schlendrian, gegen Versprechungen, die nicht gehalten wurden, habe damit aber nichts erreicht, mich höchstens darüber aufgeregt und mir selbst geschadet. Seitdem ich vieles mit den Augen dieser Menschen betrachte oder dies zumindest versuche, lebt es sich leichter, und ich kann nachvollziehen, warum sie gerade so sind und nicht anders.
Im täglichen Berufsalltag des Nordens, der mich prägte, möchte ich mich nicht in diese südliche Region versetzt wissen. Dazu gehen die Auffassungen von Pünktlichkeit, Schnelligkeit, Durchsetzungsvermögen und eventuell auch Ordentlichkeit sicherlich zu weit auseinander. Doch das muß ich ja auch nicht mehr.
Ich setze andere Maßstäbe in meinem Leben als noch vor zwanzig Jahren. Ich finde es wunderbar, meine weitere Entwicklung bewußt mitzuerleben. Sie ist noch längst nicht abgeschlossen.